洋経済

定年格差

シニアの働き方

週刊東洋経済 eビジネス新書 No.407

定年格差 シニアの働き方

本書は、東洋経済新報社刊『週刊東洋経済』2021年12月11日号より抜粋、加筆修正のうえ制作しています。情報は底本編集当時のものです。（標準読了時間 90分）

定年格差　シニアの働き方　目次

止まらない高齢化

働くシニアの「今」

会社は45歳定年にして、個人は会社に頼らない仕組みが必要だ——。2021年9月上旬に経済同友会が開催した夏季セミナー。新浪剛史・サントリーホールディングス社長が発した問題提起は、世間で大きな反発を生んだ。

「要はリストラではないか」など批判も多かったせいか、サントリーもこの件での取材には応じず、新浪発言の真意は想像するほかない。ただ、個人が65歳まで働くことを考えたとき、セカンドキャリアを築くため45歳前後で一度区切りをつけるのは、あながち間違っていると言い切れない。

何より少子高齢化の進行で、働き手とされる生産年齢人口(15~64歳)は

1995年をピークに、どんどん縮小。人手不足は深刻で、女性や高齢者、外国人を労働力として取り込まない限り、日本経済の成長はない。男女とも平均寿命は80代に達し、長い老後をいかに経済的に支えるかが課題になる。

働き手が減り、高齢者の比率は上がる一方

生産年齢人口と高齢化率の推移

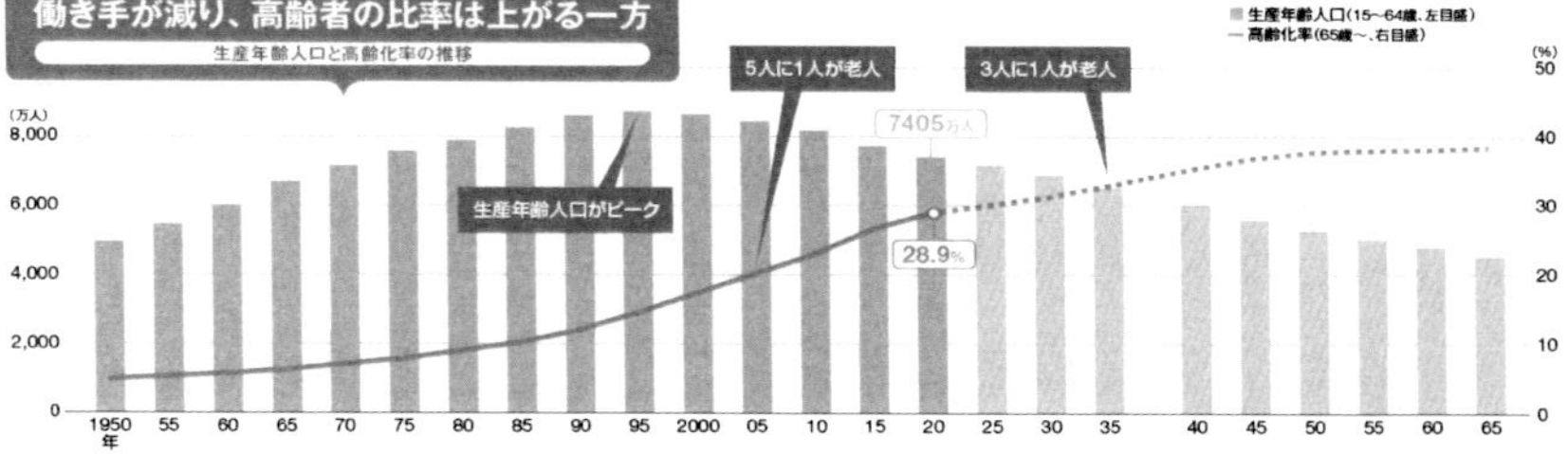

(注)出生中位・死亡中位の推計　(出所)2015年までは「人口推計」(総務省)、20年以降は「日本の将来推計人口」(国立社会保障・人口問題研究所、2017年)

高齢化は公的年金の支給延長とともに雇用延長も招いた。厚生年金の支給年齢が60歳から65歳まで引き上げられるのにつれ、収入の空白期間を埋めるため、企業には雇用機会の確保が背負わされる。かつて55歳だった定年は60歳に延長。高年齢者雇用安定法の改正で雇用は65歳まで。さらに2021年4月から70歳までの雇用が努力義務になった。雇用と年金関係の法制度についての主な変遷を振り返ると、

・1986年：高年齢者雇用安定法が施行、60歳定年を努力義務化
・1998年：60歳定年を義務化
・2000年：65歳までの雇用確保を努力義務化
・2006年：65歳までの雇用確保を義務化（労使協定による基準）
・2013年：65歳までの雇用確保を義務化（希望者全員）
・2021年：70歳までの雇用確保を努力義務化

こうした経緯からは新浪氏の発言とは逆に、実質定年となる年齢はむしろ後ろ倒しに向かっている。いや後ろ倒しになるからこそ、第二の人生を考え、早めに準備しようと言いたかったのかもしれない。

「40歳前後をキャリアの節目と考え、将来について考え直すべき」。すでに12年の段階で「40歳定年」を唱えていた東京大学大学院の柳川範之教授は説く。

長生きリスクという不安

実際に60歳定年で完全リタイアする人は少ない。「労働力調査」（総務省）によると、65～69歳の半数近くは働いている。企業に求められる70歳までの雇用確保としては、定年引き上げ、定年廃止、継続雇用制度の導入があるが、多くは継続雇用を採用。シニアの半数超はパート・アルバイトで勤務しているようだ。

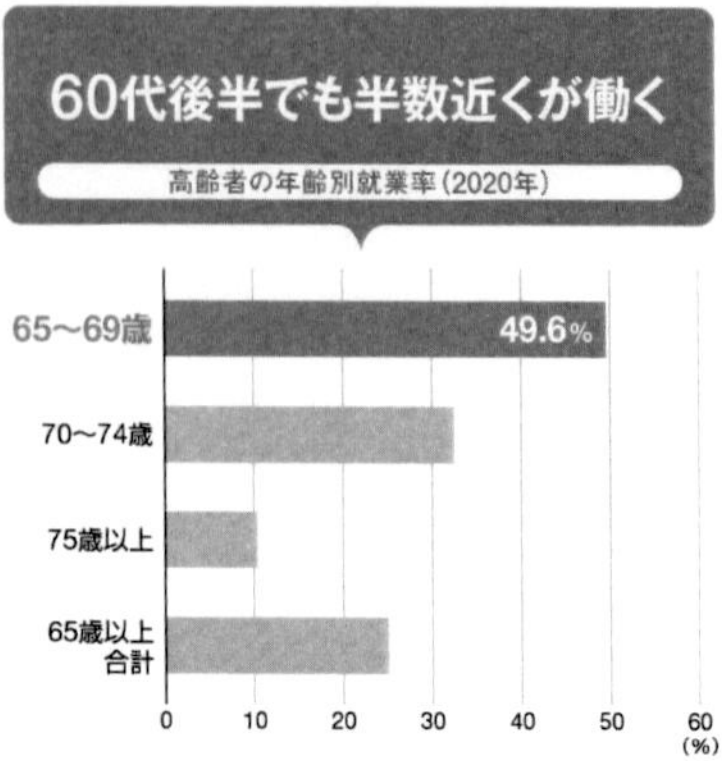

（出所）「労働力調査」（総務省）

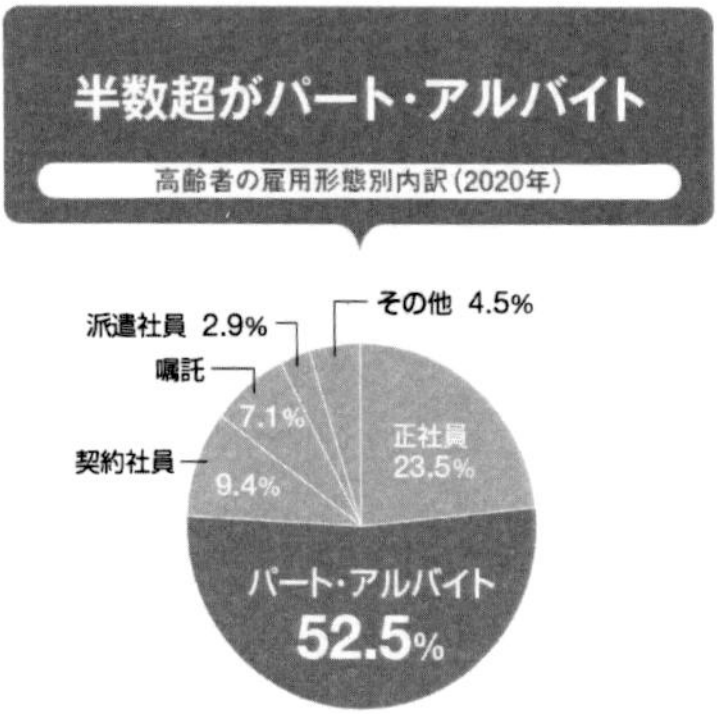

（注）65歳以上で役員を除く雇用者が対象　（出所）「労働力調査」（総務省）

背景には、長生きするほど医療や介護の費用がかさみ、金銭面の心配が尽きない事情がある。長生きリスクは誰もが思う不安だ。

「国民生活基礎調査」（厚生労働省）によれば、高齢者の1世帯当たり年間所得は312万円（うち公的年金199万円）、平均貯蓄残高は1213・2万円、平均借入金残高は72・3万円。継続雇用で正社員から嘱託などになれば、現役時より給与は当然下がる。一方で平均貯蓄残高は1213万円だった。それなりの額に映るが、定年後も20年以上生きる可能性が高いことを考えると、働ける間は働き、さらに貯蓄を厚くしておきたいところだ。

たとえ企業で継続雇用されても、身体的能力が低下し、若いときと同じ生産性で働くのは難しい。DX（デジタルトランスフォーメーション）など、新たな技術に対応するのも容易でなく、自分にできる範囲で臨むべきだろう。

定年後の高齢者を企業に派遣する高齢社の村関不三夫社長は、「過去の経歴にこだわるとうまくいかない。『俺は部長だった』という人だと会社は使いにくい」と、シニアほど謙虚な気持ちで仕事に取り組むよう忠告する。

人生100年時代といわれる今、従来の60歳「定年」はもはやなくなりつつある。本誌では企業の現場で働くシニアを取材し、そこにあるリアルな格差を描き出した。シニアやその予備軍の方には、第二の人生を勝ち抜くため、ぜひ参考にしていただきたい。

（大野和幸）

【退職金】一時金と年金、どちらが有利？

退職金は法律で義務づけられた制度ではない。勤務先に退職金制度があるかは総務部門などに聞けばわかる。通常は就業規則で書かれており、別途規定で詳細を記載する企業が少なくない。

一般的に支給金額の計算には「①勤続年数、②退職時の給与、③入社から退職までのポイント制、④市場利回りに連動するの4通りがある」（りそな銀行の棚谷和行・年金信託室グループリーダー）。

受け取り方では、定年時にまとめてもらう一時金形式（退職一時金）、毎年分割でもらう年金形式（退職年金）、両者の併用形式が通常だ。年金で受け取るなら、有期か終身かを確認すること。終身より有期を採用する企業が多く、有期では10年が多い。

税法的に、退職一時金には退職所得控除が適用され、税負担の軽減効果が高い。一方、退職年金には公的年金等控除が適用され、厚生年金と合算されるため、控除額を超えやすい。一時金は税制上有利で先に受け取れるが、年金に比べ、計画的に使わないと老後資金が不安定になりがちだ。

ちなみに、大卒のモデル退職金（新卒で入社、平均的な能力で30年以上勤務し、定年退職した場合）は、大企業で2511万円、中小企業で1118万円である。

【役職定年】50代後半、人生先が見えてきた

「役職定年」とは文字どおり役職の定年で、社内での管理職を解かれる制度だ。昨日まで部長だった人が今日から肩書がなくなる。

役職定年制度が普及したきっかけは1980年代に定年が55歳から60歳へ延長されたこと。人件費抑制やポスト確保のため、組織の新陳代謝を図る必要性が生じた。高齢・障害・求職者雇用支援機構によると2019年の導入率は28・1％となっている。

適用される対象年齢は55歳から57歳が多い。ちょうど部長から次長、課長クラス。年収は従来比で75～99％になる人が多数を占める（人事院調べ）。管理職手当がなくなるだけでなく、役職者は等級が高く基本給も高いためだ。

最も懸念されるのはモチベーションの低下だろう。年下の管理職に付いたり、給料が2割近く減ったり、現実は厳しい。「会議に呼ばれない」など、全体の4割弱がやる気が下がったと訴える。

リクルートワークス研究所の坂本貴志・研究員アナリストは「プレーヤーとしてアウトプットを出せるシニアは必要。一方で給料も仕事も減るため、自分にできることをやる人がいていい」と説く。

定年と違い、役職定年はその日を迎え、初めて意識する人が多い。会社員は心の準備をしておいてよさそうだ。

受給開始年齢に見る

年金増減率シミュレーション

ファイナンシャルプランナー・井戸美枝

「定年延長」と「年金の繰り下げ」はセットだ。公的年金の受給開始が65歳からになるのに合わせて、企業には65歳までの雇用機会の確保が義務とされた。2022年4月の改正年金法では年金は何が変わるのか。

公的年金の標準的な受給開始年齢は65歳だが、受け取るタイミングは自分で選ぶことができる。60～64歳で早めに受け取ることを「繰り上げ受給」、66～70歳で遅めに受け取ることを「繰り下げ受給」という。22年4月から繰り下げ受給の上限が75歳まで延びる。

７０歳でもらうと４２％増！

繰り下げ受給では、受け取りを1カ月遅らせるごとに、０・７％ずつ年金額が増える。７０歳に遅らせると総額で４２％増、７５歳まで遅らせると８４％もの増額だ。一方、繰り上げ受給を選ぶと、早く受け取れるメリットはあるものの、年金額は減ってしまう。現状では1カ月早めるごとに、０・５％ずつ減額される（２２年4月からは減額率は０・４％に縮小）。

この減額率や増額率は、一生涯固定されるので、ぜひ慎重に選びたい。２２年4月以降の繰り上げ・繰り下げの損益分岐年齢については、後に示す。

もし６０歳まで繰り上げると、年金は６５歳開始と比べて２４％減、受取総額は８０歳未満で６５歳開始に追いつかれ、その後に差は広がっていく。６３歳で受け取ると、年金は９・６％減、総額は８３歳未満で追い越されるのだ。

では繰り下げた場合はどうか。６７歳まで繰り下げると、年金は６５歳開始と比べ１６・８％増、総額は７８歳以上で６５歳開始を上回る。７０歳で受け取ると４２％

増で、65歳開始時の場合とトントンになる損益分岐年齢は81歳以上。75歳で受け取ると84%増だが、損益分岐年齢は86歳以上になって、それまで生きなければ損をしてしまう。

ちなみに2020年時点の日本人の平均寿命は、女性が87・7歳、男性が81・6歳。寿命はまだ延びる余地があるという。とくに女性は繰り下げ受給を選んだほうが有利に受け取れる可能性が高い。

1点気をつけたいのは、年金には税金や社会保険料がかかること。住民税や社会保険料は、65歳以上で年18万円以上の公的年金があれば、原則天引きされる。所得税は65歳未満で108万円超、65歳以上で158万円超の公的年金を受け取ると、源泉徴収される（収入が公的年金のみの場合）。

繰り下げで公的年金が増えれば、天引きされる税や社会保険料も増える。だが年金が増えたほうが結果的に手元に残るお金も増える。繰り下げた期間は年金を受け取っていないため、税や保険料も発生しない。税や保険料の負担を考慮し、繰り下げをためらう必要はない。

70歳からもらえば65歳受給より42%増

—受給開始年齢の変更に伴う増減率と損益分岐年齢—

受給開始年齢	年金総額の増減率(%)	損益分岐年齢(65歳起点)
60歳	▲24.0	80歳未満
61歳	▲19.2	81歳未満
62歳	▲14.4	82歳未満
63歳	▲9.6	83歳未満
64歳	▲4.8	84歳未満
65歳	—	—
66歳	8.4	77歳以上
67歳	16.8	78歳以上
68歳	25.2	79歳以上
69歳	33.6	80歳以上
70歳	42.0	81歳以上
71歳	50.4	82歳以上
72歳	58.8	83歳以上
73歳	67.2	84歳以上
74歳	75.6	85歳以上
75歳	84.0	86歳以上

(注)2022年4月以降。▲はマイナス
(出所)筆者作成

年金が増えても税金はそれほど取られない

—年金にかかる税・社会保険料と手取り額—

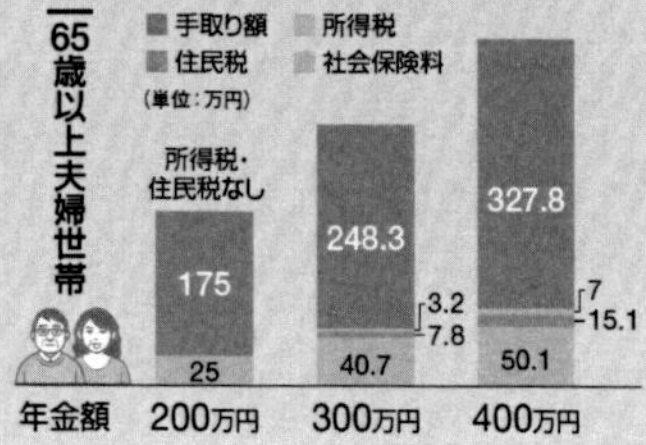

(出所)筆者作成

年金の繰り下げ・繰り上げとなると、年金のみの損得に関心が向きがちだが、60歳以降の働き方や暮らし方も併せて考えたい。資産や負債を把握するのも大切だ。

例えば、住宅ローンの返済などが残っていたり、日々の家計が赤字になったりという場合、年金を繰り上げて受給する選択がありうる。反対に、資産を保有し家計に余裕があれば、あえて数年は貯金などの取り崩しで暮らし、繰り下げ受給による年金増額で将来の経済的余裕を確保する、という方法も考えられるだろう。

寿命が延びたことによって、高齢期の過ごし方も多様になりつつある。65歳で年金受給スタートというイメージはいったん忘れ、それぞれの事情に合わせて、受け取る時期を見直すとよい。

さらに定年で年金暮らしではなく、雇用延長で会社員として働きながら年金をもらう人は、注意をしておく必要がある。

年金＋給与で47万円は可

「在職老齢年金」は、給与と年金が合計で毎月一定額を超えると、年金が減額されたり、支給されなくなったりする制度だ。この支給停止の上限額が引き上げられる。対象は特別支給の老齢厚生年金を受け取る会社員である。

これまでは60〜64歳の人が月28万円、65歳以上の人は47万円を超えると、その対象になっている。2022年4月からは60〜64歳の上限が47万円へと引き上げられるのだ。つまり、月47万円までは年金＋給与でもらっても、制約がない。22年度の在職老齢年金の受給者のうち、ほぼ半数の37万人が減額の対象。この改正で、減額対象者は11万人まで絞られると試算され、恩恵を受ける人が増えるだろう。

ただし、厚生年金の受給開始年齢は、改正で段階的に65歳へ引き上げられている。1961年4月2日以降（男性）に生まれた人は、受給開始が65歳に設定されているため、そもそも60〜64歳で年金を受け取ることはない。また57年4月1日以前に生まれた人は、改正時点で65歳以上になるため、対象ではない。関係するのはその間に生まれた人に限られる。

ほかに65歳以上の会社員が対象の「在職定時改定」も見ておきたい。

現在、厚生年金は長く加入するほど額が増えるが、65歳以降に働く期間の額は再計算されていない。退職して1カ月過ぎるか、70歳になった時点で、まとめて再計算して上乗せする仕組みになっている。要は、保険料が毎月天引きされているものの、年金額は据え置きという状態になる。

これが22年4月以降、毎年1回再計算して上積みする、在職定時改定という仕組みに変わる。在職中でも年金の改定が行われ、額が年々増えていくことになる。厚生年金の増額のタイミングが早まることで家計に余裕が生まれ、国民年金を繰り下げる選択肢が生まれるかもしれない。

改定によっていついくら増えるのかは条件次第で異なる。22年4月時点で65歳を過ぎている場合、上積みはまとめて行われる。1年分の増額を計算するには、年収に0・55%を掛けてみる。年収約240万円（標準報酬月額20万円）で1年間働くと約1万3000円、年収360万円（同30万円）で1年働けば約2万円が、年金に上乗せされると考えるとよい。

公的年金はなかなかメリットを感じにくい。働いている間は保険料が天引きされ、いざ受給するときも生活費として日々費やされるから、実感する機会が少ない。が、仮に世帯の年金が月20万円とすれば、20年間で4800万円、30年間で7200万円の給付を受けることになる。少なくない金額だ。

もし年金制度がなければ、自前で資金を用意しなくてはならない。準備できない場合、後期高齢者になっても働き続けるか、貧困に近い生活で我慢することになる。確かに保険料の負担は軽くないが、老後を支える大事な仕組みだ。繰り下げ受給など、できるだけ年金を増やしておくと、人生の保険として役立つのは間違いない。

（執筆協力：ファイナンシャルライター・瀧　健）

井戸美枝（いど・みえ）
神戸市生まれ、ファイナンシャルプランナー、社会保険労務士。生活に身近な経済問題や年金・社会保障問題が専門。著書に『一般論はもういいので、私の老後のお金「答え」をください！』など。

改正 高年齢者雇用安定法

2021年4月1日に施行された「改正高年齢者雇用安定法」。企業には70歳までの雇用確保が努力義務になったが、詳細がわかりづらい点も少なくない。経営者や総務部・人事部、さらに一般従業員が知るべきポイントは、どこにあるか。志（こころ）特定社労士事務所代表で特定社会保険労務士の矢島志織氏に聞いた。

――【Q1】高年齢者雇用安定法の改正によって具体的に何が変わるか？

「これまでの65歳までの雇用確保義務に加え、65歳から70歳までの雇用確保を努力義務として定めたこと。少子高齢化が進み人口が減る中、高齢者が活躍できる環境整備を図るための法律だ」（矢島氏、以下同）

ここで注意すべきは努力義務について、必ずしも取り組む必要がないと間違って解釈しないこと。

「厚生労働省の『高年齢者雇用安定法Q＆A』は『70歳までの制度を導入することに努め続けていただくことが必要』『厚生労働大臣の指導の考え方として、（中略）検討を開始していない事業主に対して、制度の趣旨や内容の周知徹底を主眼とする啓発及び指導を行うこと』と明記している。よって検討しなければならない」（同）

具体的には、

①70歳までの定年引き上げ
②70歳までの継続雇用（再雇用）制度の導入
③定年制の廃止
④70歳までの業務委託契約の締結
⑤70歳までの社会貢献事業への従事

から選ぶ。従業員は勤務先がどの措置を選ぶかを確かめ、ライフプランと照らし合わせておきたい。

――【Q2】70歳まで働くことによる従業員にとってのメリット・デメリットは？

雇用確保として挙げられたのは5つの選択肢だ。「事業者の規模は関係なく、該当する年齢の従業員がいて若年層の採用が厳しい中小企業は、すでに検討している。ただ、企業の規模にかかわらず原資確保などの問題があり、まだ手探り状態」と矢島氏は指摘する。

「65歳までの雇用確保（義務）でもそうだったが、今回の改正でも継続雇用制度を導入する企業が目立つ。70歳までの定年引き上げや定年制の廃止には、就業規則や賃金制度の大幅な変更が求められるが、それに比べ導入しやすいのが理由だ。60代後半となると、健康面の変化が著しく、1年単位の継続雇用が最有力である」（同）

継続雇用なら、従業員も自分の体力・気力と相談しながら働くことができるのは、大きなメリット。70歳までの定年引き上げや定年制の廃止は、健康に不安がなく、まだ働きたい人にとって魅力的に映る。収入が約束され雇用期間が延長されることで、生涯賃金が増える可能性もあるだろう。

もっとも、いざ導入されると定年までの期間が延びるので、リタイアしたい人には不満が残る。住宅ローンや公的年金との兼ね合いも考慮しなければいけない。

なお今回の改正では創業支援等措置として、業務委託契約の締結や社会貢献事業などへの従事といった制度の導入も挙げている。この場合、65歳から70歳までフリーランス（個人事業主）として、業務委託などの契約を締結するが、労使の合意が前提だ。

「創業支援等措置を実施する理由や業務内容、報酬・支払期日を詳細に定め、合意しないと実施できない。煩雑さもあり検討する事例はあまり聞かない」（同）

――【Q3】継続雇用で働く場合、収入や肩書、出社日数は以前とどう変わるか？

継続雇用制度を導入する場合、業務内容や勤務時間、日数など諸条件によって、定年時に比べると収入は下がるケースが多い。

「現在は同一労働同一賃金の導入で、同じ業務内容なのに賃金を下げると、不利益変

更禁止の原則に抵触する。人手が少ない中小企業では労働条件や賃金をそのまま変えず再雇用している」（同）

片や給与を下げるなら労働時間を短くする、業務内容や責任の程度を変えるなど、明確な差を示さなければならない。従業員も継続雇用で働き続けるなら、雇用条件を精査して契約を結ぶことだ。

——【Q4】70歳定年や引き上げなど会社側は何をベースに対策を立てればいいか？

雇用延長で企業側は具体的に検討し始めなければならない。定年制を廃止する・しないといった判断から始め、できないなら定年を引き上げるかどうか是非を問い、難しければ継続雇用制度を選ぶなど、段階的に考えると自社に適した制度を絞り込みやすい。

「定年を引き上げるといっても、一気に70歳までにする必要はない。資金面で不安なら、68歳から始めるなど、状況に合わせ調整すればよい。雇用期間を保証すると同時に、健康に配慮して働き方を従業員が自由に選んだり、途中で変更できたりす

るなど、多様で柔軟なプランを用意すると、定着率が上がるかもしれない」（同）

実務的には就業規則や退職金制度、待遇内容の見直しのほか、高齢者の能力開発や高齢者の経験を活用できる配置などの整備も求められよう。労働局が発行する事業主向けの「高年齢者雇用安定法ガイドブック」も参考にされたい。高齢者雇用で事業者が整備すべき諸条件としては、

・高齢者の能力開発をするための職業訓練の実施
・機械設備や照明など作業施設の改善
・身体機能低下に影響されない職域の拡大
・専門職など高齢者の経験を活用できる配置
・時短や隔日勤務ほか勤務時間の弾力化
・同じ産業の事業主が共同で行う取り組みの推進

継続雇用で注意したいのは「無期転換ルール」だ。通常、定年後に引き続き雇用される有期雇用者には、無期転換の申し込み権が発生するが、高齢者には特例措置があ

る。「一定の要件を満たしたうえで、各労働局に申請すると、申し込み権が発生しない」（同）。

会社側は従業員に対し、どういったスキルや働き方を求めているのかも明らかにしておくべきと、矢島氏はアドバイスする。「キャリアプランを提示することで、従業員もこの会社に残るべきか、それともリタイアや転職をすべきかといった、人生の選択肢が広がる。会社に残るためにに必要な能力がわかると、自己学習に取り組む従業員も増えるだろう」（同）。

役職定年を迎え賃金が下がっても、キャリアや実績があるなら、他社への転職で待遇がよくなることも。働き続けられる期間が延びると、活躍できる人は相応の場を見つけやすくなる。

「65歳以上への定年引き上げを実施した中小企業に対し、最大120万円を支給する『65歳超雇用推進助成金』は、9月24日で新規申請の受け付けが終了した。多くの企業が何らかの制度を実施したことがわかる。こういった助成制度の活用も検討したい」（同）

──【Q5】70歳までの努力義務はいずれ義務化されるものと考えていい?

「法改正の動きはないが、過去の経緯を考えると、義務化される可能性は高い」と矢島氏は見通す。

これまで、1986年に60歳定年への努力義務が始まり、98年には60歳を下回る定年が禁止された。以降も、労使協定基準に基づく65歳までの雇用確保の義務化、希望者全員の65歳までの雇用確保義務化の流れがあり、今回の改正へと至っている。

必然的に70歳までの雇用確保も義務化されると想像してしまう。企業にとって大事なのは将来を見越し少しでも早く対応に乗り出すことだ。

(ライター・大正谷成晴)

厚遇正社員の手当はなくなる？

厚く守られてきた正社員の待遇がどれだけ変わるのか――。

正社員と非正規社員で不合理な待遇差をつけることを禁じた「同一労働同一賃金」。パートタイムやアルバイト、派遣社員を対象に、正社員と同じ仕事であれば、同じ賃金を支給しなければならないのが原則だ。パートタイム・有期雇用労働法や労働者派遣法などの改正で、大企業では２０２０年４月、中小企業でも２１年４月から始まった。

ポイントは3つ。①不合理な待遇差の禁止、②労働者に対する説明義務の強化、③裁判外紛争解決手続き（ＡＤＲ）の整備である。

今まで転勤や異動を伴う正社員には、非正規社員との間で、歴然とした待遇面での差があった。だがこれからは合理的な根拠を個々に示さなければならない。

ではどのような差が不合理に当たるのか。これに関し、厚生労働省はガイドラインを策定、指針として公表している。もっとも、ガイドラインに法的強制力はなく、罰則もない。具体的に自社の就業規則にどこまで当てはめるかは、弁護士など専門家と個別に判断することになる。

倉重・近衛・森田法律事務所の倉重公太朗・代表弁護士は「最高裁判所の判例を見ると、基本給や賞与、退職金には、待遇差が不合理と認められていない（＝差がついてもよい）。ただ、一部の手当や休暇については、正社員も非正規社員も同一であるべきとしている」と解説する。

例えば通勤手当をめぐっては、ある物流会社とドライバーの間で争われた結果、待遇差は「不合理」との判決が出た。交通手段や通勤距離が同じなのに、正社員と契約社員で金額の差があってはならない、というものだった。

■ **正社員と非正規社員で違うのは妥当か**
―最高裁判例に見る賃金等の差異についての解釈―

不合理でない ＝正社員と非正規社員は違ってもよい

- 基本給
- 賞与
- 退職金
- 役付手当
- 早出勤務手当
- 夜間特別勤務手当
- 医療費補助措置

不合理 ＝正社員と非正規社員は同じであるべき

- 通勤手当
- 給食手当
- 皆勤手当・精勤手当
- 年末年始勤務手当
- 割増賃金
- 夏季冬季休暇・夏季特別有給休暇
- 病気休暇（有給）
- 報奨

不合理でない **不合理** **に分かれた**

- 家族手当・扶養手当

不合理でない **不合理** **一部不合理** **に分かれた**

- 住宅手当・住居手当

（注）事件の企業名などは省略した　（出所）『同一労働同一賃金の理論と企業対応のすべて』（労働開発研究会）を基に東洋経済作成

〝既得権〟の各種手当

両者の差を埋める場合でも、正社員の賃金を一方的に下げると、不利益変更と取られかねない。といって非正規社員のみ賃金を底上げすれば、人件費全体の総額が増えてしまう。社員数が膨大な企業にとっては頭の痛い話だ。

その意味では長年〝既得権〟だった正社員の手当に、今後メスが入る可能性もある。今まで正当性があいまいだった手当をなくし基本給に組み込む動きも強まっている。まだ歴史の浅いベンチャー企業は先手を打つ。デジタルマーケティング事業が主力のメンバーズは、正社員への住宅手当や在宅勤務手当などを取りやめた。同時に非正規社員の正社員化も進める。

「持ち家のあるなしなどで手当を払うのではなく、われわれはスキルや能力に対して報酬を払う」（高野明彦取締役）方針を明確にした。

正社員と非正規社員の差は賃金だけでない。健康保険や厚生年金など福利厚生もそうだ。非正規社員の低い加入率には、加入要件を満たしているのに、会社側が手続きを怠る問題もあるとされる。

今や雇用者に占める非正規社員の比率は4割近い。ルールを改廃するなら、会社側には、正社員と非正規社員のどちらにも、丁寧な説明が求められよう。同一労働同一賃金の波は少なからず、日本企業の雇用体系を揺るがしそうだ。

（大野和幸）

INTERVIEW

「80歳超えても働ける会社に」

ノジマ社長・野島廣司

本人が希望すれば、80歳まで臨時従業員として雇用する。2020年7月、関東を地盤とする家電量販大手ノジマが、こんな宣言をして大きな注目を集めた。シニア活用の先進的な取り組みにはどんな意図があるのか。野島廣司社長に聞いた。

―80歳まで働けるという新たな雇用制度が注目されています。

何歳まで働けるか明確な社内規定がなかったので、会社として区切りを決めておこうと。75歳と80歳が候補として挙がり、最終的に80歳（の誕生月まで）にした。そうしたら、発表後に新聞やテレビで大々的に報じられ、ドイツやフランス、韓国など海外メディアも取材に来たほどだった。

うちは働く意欲を持った人に対して、できる限り応えてあげたいという考え方でやってきた。だから、80歳まで働ける職場を私も社員も普通のことと思っていたので、世間の反響の大きさに逆にこちらが驚いたくらいだ。

――ノジマで働いているシニア人材の数はどのくらいですか。

現時点でいうと、店舗を中心に65歳以上が57人いて、そのうち70歳以上は24人いる。新卒で入社して、65歳の定年を迎える社員が出てくるのは、まだまだこれからだ。今在籍しているシニアは、基本的に他社を定年退職した後、臨時従業員として当社で働いてくれている人たち。家電メーカーや百貨店、ほかの小売業など前職はさまざまですよ。

例えば、ある70代の男性スタッフは、50代で家電メーカーを早期退職で辞めて、うちで働くようになった。メーカー出身だから製品に詳しいし、自己研鑽を重ねてエースコンサルタントの役職に就き、営業の最前線で頑張っている。ほかの皆さんもノジマに大きな貢献をしてくれている。

満足度も給料も上げる

――制度導入から1年が経過しましたが、実際には80歳になった方も働いているそうですね。

店舗のバックヤードで荷分け作業に携わる女性が79歳で最年長だったが、80歳になる21年10月以降も働くことを本人が希望された。それで会社としてどうするかを話し合い、本人が働いてくれるというなら、それでいいじゃないかと。80歳までの制度自体は変えず、今回はひとまず例外という形で対応した。もちろん年齢的に無理は禁物なので、週2日ぐらいでもいいから、体調と相談しながら自分のペースで働いてください、と本人には伝えてある。

20年に店舗で働くシニアたちの座談会が社内報に載り、みんなすごく生き生きとしている様子が伝わってきて、社内でちょっとした話題になった。シニアのモチベーションを高めるためには何が必要かというと、やはり一番は、会社や社会に貢献していると本人が日々実感できることだと思う。当社で働くことでそれを実感し、本人の健康に多少でも貢献できるのであれば、われわれとしても非常にうれしいことだ。

ノジマは正社員の平均年齢がまだ30代で、とくに店舗では20代の若い社員がたくさん働いている。人生経験を積んだ先輩から若手社員が学ぶことは多く、教育の面でも会社に貢献してもらっている。

――ノジマはシニア人材に優しい会社を目指していると。

シニアだけじゃなく、一般社員の満足度もより高めていく。当社は新卒の1年以内の離職率が平均より非常に低い。これをさらに5％以下にまで下げて、定着率で日本一の会社を目指す。

給料のアップも大きな目標だ。当社は今、30歳で平均年収500万円弱。個人的な願望としては、これを年間20万円ずつ上げて、早期に550万円ぐらいにしたい。それを実現するためにも会社をもっと成長させる。


（聞き手・渡辺清治）

野島廣司（のじま・ひろし）

1951年生まれ。大学卒業後、家業の野島電気商会入社。94年から現職。商業施設内に積極出店する一方、携帯販売会社やニフティの個人ネット接続事業などを買収し、成長を遂げた。

「車内で待機」から「スーパー顧問」まで

65歳からのハローワーク

働く側にとっては、定年後も今と同じ勤務先でずっと働かなければ、と考える必要はない。といって起業へ一足飛びに走るのもリスクがある。65歳以上でも働ける職場は増えているからだ。

正社員でなくても、派遣という手段がある。高齢者の派遣先を増やしていったのが、その名もズバリ「高齢社」。2000年に設立されたシニア専門の派遣会社だ。

資格あるOBだからよし

「東京ガスのOBが中心になって設立した」と当時を振り返るのは、3代目で創業者の部下だった村関不三夫社長である。

シニア専門の派遣会社というアイデアが生まれたきっかけは、マンションのガス機器の点検作業で人員確保に苦労していたこと。依頼は突然来るし、土日に集中するので、日程調整が大変だった。一方、かつて創業者がいた部門で働いていたOBは、暇でブラブラしている。それなら作業をOBに頼めばいいと考えたわけだ。

工事や修理、製造など東京ガスには技術系の仕事があるが、多くの場合、公的資格や同社の認定資格が必要で外注は難しい。その点、OBならすでに資格を持ち、改めての導入教育も必要ない。

設立当初の登録者数は15人だったが、社名のユニークさでメディアに取り上げられる機会が増えるとともに、年々増加。現在は約1000人に達した。売上高も2300万円から6億円強まで拡大。稼働率は4割弱だが、同業他社と比べても高い。

年齢構成を見ると、65歳から一気に増え、73歳でピークに達する。「65歳から70代前半が当社にとっての働き盛り」(村関社長)。ちなみに派遣には定年もない。

技術だけでなく、営業担当も東京ガスのOBが多く、派遣先の仕事内容もわかっているから、成約率は高い。東京ガスとそれ以外の比率は6対4までに至った。

東京ガス以外の仕事も増えている。レンタカーの受付やマンション管理、ビル屋上緑化の維持など。面白いのは、家電の修理などで顧客の元に出向き、メーカーの人間が車を離れる間の補助として（助手席で待機する）仕事もある。忍耐や丁寧な対応が求められるのでクライアントから評価は高い。

シニアの働く理由はさまざまだ。同社に主に登録するのは定年後に第二の人生を迎えた65歳以上。1～2年ゆっくりしてから、「次の生きがい」「小遣い稼ぎ」などのため、週に2～3日、近場で働きたい人が多い。住宅ローンも子育ても一段落、年金もあるので、月10万～20万円稼げれば十分という。

実際に月・水・金曜はAさん、火・木曜はBさんなどと、互いにワークシェアをしている。交代勤務のおかげで、コロナ禍では濃厚接触者が出ても、業務が止まらずに済んだメリットもあった。

「仕事が決まりやすい資格や経歴はあるが、健康も重要な価値の1つ。まずは無料で受けられる健康診断をお願いします」と村関社長は笑い飛ばす。

老いも科学で分析する

もっとも、年を取れば、若いときと同じとはいかない。ジェロントロジー（老年学）を基に、シニアでも働きやすい環境を整えたのは「ＴＭＪ」だ。セコムのグループ会社としてコールセンターなどバックオフィス事業を手がける。

「コールセンターは労働集約型ビジネス。人材の枯渇を受け、シニアに活躍してもらうよう取り組んだ」と語るのは、事業統括本郡の吉岡千賀子・第４ＢＵ部長。同社は１１年から東京大学の産学ネットワーク「ジェロントロジー」に参画した。「そもそも研究に参加したきっかけは顧客にシニアが増えてきたこと」（吉岡部長）。

音の専門会社と共同開発したのが、自分の話が高齢の顧客にどう聞こえるかわかるタブレット。か行、さ行、た行、ぱ行が聞き取りにくい課題を発見した。それらを解決すべく、さ行はしっかり発音する、「スティック」は「小さな棒」に言い換えるなど訓練した。

結果的にそれらはコールセンターのオペレーターとして長く勤めてもらうノウハウ

につながる。

ほかには文字もそうだ。シニアほど黄色が見えにくい傾向があるので使用を控え、14ポイント以上の大きな文字を使うなど、オペレーターの環境にも配慮する。

「覚えるのに時間はかかるが、覚えれば簡単には辞めない」と吉岡部長は言い切る。その意味で大きかったのはマルチタスクの排除だろう。シニアは2つのことを同時にするのが苦手とわかった。

例えば、料金プランと住所変更を同時に対応する窓口の場合、クライアントに協力を仰ぎ、それぞれ別の窓口にしてもらう。「料金プランだけ」「住所変更だけ」なら対応できるからだ。仕事を分解すれば、できる作業は増える。1つずつ覚えて最終的にテクニカルサポートを担当できた人もいる。

むしろネックになったのは若い管理者の意識だ。「PCの操作が遅い」「物覚えが悪い」とシニアを敬遠する人が少なくなかった。

そこで、なぜそうした人材が必要か、人材のパラダイムシフトなど背景を説明するため、マインド研修を行ったという。「管理者とうまくいかず離職者が増えたこともあるが、エビデンスに基づき行動していたので迷いなく続けられた」と吉岡部長は振り返る。

ＴＭＪが本格的にシニア採用に力を入れ始めたのは１７年から。１万３０００人のオペレーターのうち、５０歳以上は約３０％で、最高齢は８５歳。働きやすい環境が整い、今後、急速にシニアの比率は高まるに違いない。

多額を稼ぐスーパー顧問

さらに意識の高い中高年向けにはよりハイレベルな職種もある。

人材と企業のマッチングで「グローバル顧問」を送り込むのが「サイエスト」である。対象は５５～６５歳でセカンドキャリア構築を目指す人。商社や銀行でバリバリ働いていても、その年になると、転職市場ではなかなか声がかからない。

「ところがミドル・シニアの人たちはすごくとがった専門性やプロフェッショナル領域を持っている」とサイエストの北村嘉章社長は分析する。中小・ベンチャー企業なら即戦力で活かせると考えたことが会社設立につながった。

例えば、電機メーカーに部品を売りたければその会社の出身者を、米国で販路開拓したければ商社出身者を送り出す。工場内の技術的なアドバイスや工場長の育成といったニーズも高い。課題がある業務だけをピンポイントで依頼できるので、顧客企業にとっても使い勝手はいいはずだ。

結果、顧問数は会社設立の13年度の400人から、現在は5000人にまで拡大した。コンスタントに仕事が入る人は平均月収が5万〜10万円。つねに10〜20社の顧客を抱えるスーパー顧問もいて、トップレベルは月200万〜400万円を稼ぐほどである。

まさにシニアといっても十人十色。派遣社員として肩の力を抜いて働くもよし。ハイスキルで高収入を稼ぐもよし。定年後の前向きな生き方として参考にしてほしい。

（ライター・竹内三保子）

第二の人生でついた明暗

「悩ましいのが年配のロー・パフォーマー（能力の低い人）だった」――。

坂本悟さん（65）の会社員生活における最大の心残りといえば、人事部門の責任者として、再雇用者が働く環境を十分には整備し切れなかったことだ。

坂本さんは、IT関連製品の販売会社の人事部で長く働き、60歳で定年退職、その後シニア管理職（契約社員）として、同じ人事部で62歳まで在籍した。取り組んでいたのが再雇用者の待遇を改善すること。が、全員が定年後に高いパフォーマンスを発揮するわけではないし、残ってもらう分、会社にとっては人件費が負担となるわけで、一筋縄ではいかない。

「自分が勤めていた会社では、半年や年間単位で個人ごとに、定性的・定量的な目標を設定していた。目標達成率が極端に低く、かつ、毎年達成できない人が少なからずいた」（坂本さん）。困ったことに、そういう人ほどほかに引き取り手がないのをわかっているのか、会社に残りたがる傾向が強い。

そこで考えたのが、3つのコースに分けた再雇用制度だった。

1つ目が坂本さん自身も属したシニア管理職コースで、責任を引き継ぐ代わり定年時の給与もほぼ継げるようにした。デスクやPC、名刺も、現役時代同様に支給される。

2つ目が役職から外されていた人向けの嘱託コース。給与は定年時の60％で、仕事内容によって30％の増減幅を持たせた。

3つ目がいわばロー・パフォーマー向けの限定勤務コース。営業面では数字が上がらない、技術面では仕事が終わらないなど、現場からは「この人には引退してほしい」という声が上がる人たち向けだ。それでも本人が希望する限り、再雇用しないわけにはいかない。月収十数万円、週3日程度の勤務で働くコースである。

シニアをめぐる状況はしだいに厳しくなっていった。この制度を計画し始めたときは、年金が60歳から支給されていたものの、以後、段階的に後ろ倒しになる。給与が60%以下になっては、年金をもらえるまで生活がおぼつかない。退職金にすぐ手をつけるわけにはいかないが、再雇用で減収分をカバーできないのもわかっている。

「国は『元気なうちは70歳まで働け』と号令をかけているが、年金問題を企業にシワ寄せしているだけではないか」と坂本さんはいぶかる。会社のほうも大株主が交代。外部から来た新社長は、プロパーの役員を次々にクビにする一方、メーカーからの出向者をいいポジションで露骨にひいきするなど、嫌気が差した。

結局、坂本さんは62歳まで元の会社で働いた後、故郷の広島県へとUターン。人事部門の管理職だった経験が買われ、運よく地元企業に管理職として再就職でき、65歳でリタイアした。

「仕事を見つけようとしても、地方の都市では難しい。役所の非常勤の仕事は65歳で打ち切られ、残るは介護関連くらいだが、自分には経験がない」(同)

長年勤めた会社では同世代のシニアの扱いに困り、地元へのUターンでは地方での就職難に直面する。６０代が働くのに、この国の環境は決して優しくない。

十分すぎる年金の恩恵

滝沢一郎さん（７４）は団塊世代。日本経済が右肩上がりで成長した時代、会社員生活を送った、俗にいう〝逃げ切り世代〟である。

金融サービス会社に勤め、５７歳で役職定年、６０歳で定年になった滝沢さんは、退職して１０カ月ほどブラブラした後、不動産関連会社に再就職することができた。

「厚生年金がフルにもらえるのは６４歳からだったが、退職金を年金形式でもらうようにしたので、生活するくらいは成り立っていた。ただ娘がまだ医学部の学生だったので、学費を捻出するため再就職を決めた」（滝沢さん）

現役時代も、役職定年の５０代後半になって時間の余裕が生まれたため、定年までにコツコツと勉強。宅地建物取引士、ファイナンシャルプランナー、マンション管理士、管理業務主任者と４つもの資格を取得したのである。

「暇になったしボケ防止も兼ねて勉強してみた。どうせなら、自分が関わってきた仕事に関連する資格がいいと思い、不動産関連を選んだが、結果的には再就職で評価されたと思う」（同）

定年までいた金融サービス会社にも再雇用制度はあったが、同期で残ったのは1人もいなかったという。再就職先の不動産関連会社には、公募で面接を受け、契約社員として働くことができた。担当したのはマンションのフロント業務だ。

物件担当者として管理組合の運営支援など、いわば〝マンション管理人を管理する仕事〟ともいえよう。設備故障や隣人トラブルのような、管理人だけでは解決できない問題に当たるため、関係者と折衝する。ほかの費用優先で管理費を滞納したり、規約違反なのに大型犬を飼育したりと、さまざまな住民への対応に追われたものの、やりがいもあった。

現役時代に不良債権関連の業務を担当していたせいもあり、費用回収のような仕事がさほど苦でなかったのも大きい。その不動産会社も1年3カ月で辞めた。

理由について滝沢さんは「会社には悪いが、再就職しても、それほど意識を高くして仕事ができるわけではない。1年過ぎたらもういいかという気持ちになった。自分はたばこが苦手だが、オフィスで吸う人が多いのにも、閉口した」と振り返る。

再就職先の社風になじめなかったせいもある。かつての会社の経験を頼りに動いてしまいがちで、上司は自分が独断で仕事をしているように見えたのだろう。

それでも、老後に無職になってから、生活に困ることはない。滝沢さんには十分な公的年金と預貯金があり、会社からの終身年金も合わせ、月収は50万円近い。親の影響で若い頃から株式を運用しており、自宅にはデスクトップPC2台を置き、株のトレードで頭の体操もやっている。

「生活費の管理はかみさんに任せている。自分は遊ばせてもらう。手術をして今はやっていないが、リタイア後には年50～60日間は旅行していた」（同）

同期全員が管理職になれるとは限らず、定年後も年金を満足にはもらえない、現在のビジネスパーソン。第二の人生を謳歌できる逃げ切り世代は、現役から見てうらやましいというほかない。

（ライター・加藤光彦）

キャリアの見直しか、強者の論理か

早期定年制度の導入は是か非か

波紋を呼んだ新浪剛史サントリーHD社長の「45歳定年」発言。第二の人生を考えてのものか、成功者による無責任な主張か。容認派、懐疑派の論客に聞いた。

【容認派】

「40歳でキャリアを見直せ」

東京大学大学院　経済学研究科教授・柳川範之

2012年に政府の国家戦略会議で「40歳定年制」を提唱したが、この言葉に対し、「40歳で全員定年にされる」という誤ったイメージが広がった。真意は40歳で現在の会社や仕事を辞めるということではない。40歳前後をキャリアの節目となる年齢と考え、もう一度、自分の将来について考え直そうということだ。

高度経済成長期には、まじめに仕事をしていれば多くが定年まで働けたし、20代で身に付けた知識や能力で社会人生活を全うできた。だが現状では定年までハッピーに働ける人は少ない。AI（人工知能）やロボットの進化で就労環境が変化し、平均寿命の伸長で就労期間も延びているためだ。

ビジネスパーソンだけでなく、技術革新の速い職人の世界も同じ。今のスキルのまま生涯現役として活躍することは難しく、環境変化への対応が不可欠になっている。（60年間の）キャリア人生を20年区切りの三毛作と考え、最初の区切りの40歳前後で、学び直し（リスキリング）によるスキルアップを実現しておきたい。

いわばカーレースのようにいったんピットでストップし、スキルの〝燃料補給〟を行うことが、その後の仕事レースを完走するうえで重要なのだ。

社会科学系を学び直す

スキルアップには3つの意義がある。まず勤務先に万一があった場合の保険的意味合い。保険があることで今の仕事によりアグレッシブに打ち込める。結果的に勤務先の業績も伸びる。社員がリスクを取らないと会社も発展しない。

2つ目は、今まで自分が積み上げてきた仕事を頭の中で整理できること。これに有効なのが経済学や経営学といった社会科学系の学問だ。大学で社会科学を学び直すことで、今までの経験を体系的に整理でき、普遍化することが可能。知見や能力を会社の外でも通用させることができる。

リスキリングに取り組むならまったく異なる分野ではなく、自分が従事してきた仕事に関連する分野の学問を選ぶのが得策だと思う。例えば、20歳の頃は理解できなかった哲学の講義でも、40歳で学び直せば積み重なった人生経験が生かされ、より心に響いて理解が進むようになる。

3つ目は、違うことを経験して新しい知見が得られること。大学で学び直さなくても、違う業務に携わるだけで、新しいものが見えてくる。その意味では、社内外への異動や出向も、重要なリスキリングの機会になる。

AIやロボットに詳しい人はこれからも活躍できるだろうが、そうでない自分はダメ、と思い込むのは誤解だ。どの分野であれ、自分の今までの仕事上の体験は、とても大事なもの。違う部署や会社でも生かすことはできる。

ただし、新しい職場に移ったとき、「自分の所属していた職場ではこうやっていた」とプライドを貫くのは間違い。自分の知見は、わかりやすく周囲の人たちに伝えることで、新しい職場での宝物になる。プライドを捨てるために必要なのがスキルへの燃料補給だ。

ただ、40歳前後は働き盛りで、家族の生活も懸かっている。この年齢でピットストップするには、ある程度の資金も必要。社会保障として国がサポートする制度があってもいい。働く人がスキルアップしていかないと、国家の繁栄も結局止まるのである。（談）

（構成・加藤光彦）

柳川範之（やながわ・のりゆき）
1963年生まれ。93年東京大学大学院経済学研究科博士課程修了。経済学博士。著書に『日本成長戦略　40歳定年制』など。

【懐疑派】

「早期定年は強者の論理だ」

明治大学公共政策大学院　専任教授・岡部　卓

日本にはフリーランスで働く人もいれば、会社員として定年まで働く人もいる。新浪発言のような「45歳定年」の考え方があるのは否定しないが、日本の労働市場はそれを受け入れる賃金や待遇の条件が柔軟に整備されていない。労働基準法や就業規則で同意されていないのに、いきなり提唱されても唐突感がある。

この発言は雇用の活性化や流動化など労働市場に有益な面があると考えてのことだろう。だが、そのためにどの程度の情報発信をしてきたのかが見えない。むしろ若いうちに低賃金で雇用し、一定年齢になると定年という名の下にリストラをするという、人件費の抑制と結び付けた発言に映る。

例えば退職金については、「企業に対する貢献への対価」という見方もあれば、「賃金後払い」とも指摘されている。賃金後払いなら、普段の給与に上乗せしても構わないはずだ。企業への貢献への対価であれば、役職に応じ退職金が支払われるが、こうしたロジックが45歳定年でどうなるか、制度を再設計する必要がある。

また退職金には、公的年金のつなぎ資金としての役割もあるが、その公的年金は（70代へと）繰り下げの方向で動いている。逆に定年が（40代まで）繰り上がってしまうと、その間の所得保障はどうなるか。21年4月から70歳までの雇用確保が企業の努力義務になったが、45歳定年はその動きともリンクしていない。

もしかしたら45歳定年制を敷くことで、労働市場の流動化を促す狙いがあるのかもしれない。

だが、バブル崩壊から2000年にかけての規制緩和で、正規雇用を減らし派遣労働者に景気の調節弁的な役割をさせた結果、ワーキングプアが増え、格差や貧困が広がった。正規雇用の実質賃金もさほど伸びていない。企業が生き残るなど一定の成果はあったが、多くの人は働きづらさや生きづらさを抱えている。将来に展望を持てないことから、家族を形成しない単身者が増えて、出生率低下にもつながっていった。

今回の提言はこれに拍車をかけて、「経済栄えて国民滅びる」のような危険性があるのではないだろうか。今の状態で実施されると、十分な労働環境を得ていない就職氷河期の世代では、生活困窮者が増えてしまうおそれもある。

エリートは誰が支える

一方で企業は、給与に見合わず組織にしがみつく従業員の扱いに苦心していることも事実だろう。本来であれば、スペシャリストかゼネラリスト、あるいはまったく別の業種など、自分自身のキャリアを見つめて学び直す機会を用意してほしい。実際に働く従業員にもっと投資すべきなのだ。

そうしないまま、45歳になったからといって外に放り出すのは無責任だし、従業員もその年齢になって「第二の人生を歩め」と言われても、何をすべきかわからない。

反対に、企業は従業員が若いうちから投資しておくと、有能な人材が早くから育ちやすい。
そもそも社会には多様な人が生きている。会社で窓際族やお荷物と言われる人だって、別の角度から光を当てると輝くかもしれない。度量が経営トップには求められており、エリートは多様な存在に支えられていると気づくべきだ。新浪氏の言葉にはそういった配慮がなく、「強者の論理」と言わざるをえない。（談）

（構成・大正谷成晴）

岡部 卓（おかべ・たく）
1953年生まれ。専門は社会福祉学。東京都立大学教授を経て、2019年から現職。編著書に『生活困窮者自立支援』などがある。

ジョブ型導入が始まった

ジョブ型雇用を導入する企業が増えている。

「職務（ジョブ）」の範囲を明確化し、能力に適した人材を起用するのがジョブ型雇用だ。職務記述書（Job Description：JD）を基に、高い専門性が要求され、報酬はそれに見合うものになる。米国では職務がなくなれば解雇も可能で、日本でも定年制は意味がなくなるかもしれない。

日本では日立製作所、富士通、KDDI、三菱ケミカルホールディングス、オリンパス、ブリヂストン、資生堂などが導入を表明した。

背景にあるのは企業をめぐる環境の激変だ。デジタル化やグローバル化に素早く適応するため、専門スキルを持つ人材を採用、評価しなければならない。事業の入れ替えが盛んになる将来、よりスピードアップするのも予想される。
はたしてジョブ型雇用は停滞する日本企業を変える契機となるのか。現場の最前線を追った。

【日立製作所】10年前からの取り組み　労組まで巻き込んで議論

グループ従業員が国内16万人に及ぶ巨艦・日立製作所は、ジョブ型雇用の段階的な導入に取り組んでいる。2021年4月からは全従業員を対象にJDを割り当て始めた。JDを基に課題設定や能力開発を明確にし、報酬にも差をつける、本格的なジョブ型へと移行する予定だ。

「ポジションのない野球チーム」。従来の年功序列型の雇用形態を、岩田幸大・ジョブ型人財マネジメント推進プロジェクト企画グループ長はそう例える。役割が明確でなく幅広い課題に向き合えていない。ジョブ型で各自が役割を意識すれば、さまざまな状況に早く対応できるというわけだ。

十数万人分のＪＤを作成するのは簡単ではない。営業などの職種別や部長・課長などの階層別で分類したのは450種類。その仕事に求められる知識や資格をＡ4用紙2枚に「見える化」したが、社内では全職務のＪＤを閲覧できるため、公平性や透明性にも配慮しなければならない。

ジョブ型を軸にした人事制度は社内のあらゆる場面に広がる。21年度からは採用活動に範囲を拡大、夏のインターンシップでもＪＤを公開し学生募集に役立てた。人財統括本部の大河原久治部長代理は「学生に仕事の内容を理解してもらえれば、入社後のミスマッチも防げる」と狙いを語る。

日立がジョブ型に踏み出したきっかけは2008年のリーマンショックとかなり前である。日立製作所の人事制度変革の経緯を見ると、

2008年度：リーマンショックで過去最大の最終赤字7873億円計上
2010年度：中西宏明社長の下、社会イノベーション事業の拡大
2011年度：グローバル共通のジョブ型人財マネジメントへ転換
2011〜18年度：人財のデータベース化など基盤構築

2017年度～：ジョブ型人財マネジメントについて労使委員会で議論
2020年度：ジョブ・ディスクリプション（JD）の作成
2021年度：JDの導入やリスキル教育の実施。ジョブ型アイデアの募集
2022～24年度：（予定）：階層別の対話で習慣化。人事制度のブラッシュアップ

2009年3月期には製造業として過去最大の7873億円の赤字を計上。その後は事業構造を社会イノベーション事業へ転換した。そもそも売上高も従業員数も約半分が海外で、日本だけ独自の雇用体系で仕事を続けるには限界が来ている。海外では当然のようにジョブ型だ。

実際、11年度から始めたグローバル共通のジョブ型人財マネジメントでは、国ごとにバラバラな人事制度を共通化。人財情報をデータベース化したり、マネジャー以上のポジションを格付けしたりした。17年度からは労働組合とも「Next100労使委員会」を8回開催し議論に及んだ。

その結果、従業員への調査では、8割以上がジョブ型の「必要性は理解」したと回

答。労組からは、「ジョブ型で何が変わるか、わがこととしてイメージできていない人もいる」「マネジャーの意識変革、評価スキルの向上が重要」という指摘も出ているが、早くから取り組んできた効果か、今まで大きなトラブルは生じていない。

それでも社内には「スキルが達していないと大幅に給料を削られてしまう」（中堅社員）という懸念の声もないわけではない。岩田グループ長は「長年働いてきた中高年のマインドセットや行動の変容を簡単にできるとは考えてなく時間をかけるしかない」と説く。

24年度までにはジョブ型を定着させたい日立だが、子会社などまだ手がついていない部分も大きい。当面は日立本体が走りながらジョブ型雇用を末端まで〝実装〟する日々が続きそうだ。

（高橋玲央）

【富士通】課長決定はポスティング　重み増す人事部の役割

ＩＴ企業からＤＸ企業に変わろうとする富士通。２０１９年に就任した時田隆仁社長の号令一下、成長し続ける企業となるため、ジョブ型雇用への移行を急ぐ。ジョブ型は人を職務に当てるのでなく、「職務」に適した人を登用する〝適所適材〟の考え方だ。

グローバルでは約１３万人の従業員を抱える富士通。うち海外の約5万人は以前からジョブ型である。国内約8万人のうち、課長以上の1万５０００人には２０年4月からジョブ型を導入、一般従業員にも２２年4月以降に向けて労働組合と協議を続けている。

導入を現場で主導したのが、ＣＨＲＯ（最高人事責任者）も兼ねる平松浩樹執行役員常務だ。ＤＸ企業への変革を打ち出す中、「『ジョブ型の仕組みが必要ではないか』と時田社長から言われ、コロナ禍で大変なときだったが短期間で実施した」（平松執行役員）。

これまで富士通は内外で人事制度が違うことが人材交流などを複雑にし、グローバル展開でネックとなっていた。２０年の導入の5年ほど前にも検討したが、当時は理解を得られず断念。今回はリモートワークなど雇用環境が変わり、「変化の時代に必要なのでは」という反応が得られたという。

さらにはジョブ型を補強するため、人材マネジメントも全面的にモデルチェンジ。公募のポストに社員が自らの意思で立候補できる、ポスティング制度を大幅に取り入れた。現在は新任の課長についてはすべてポスティングで決めている。「公募に対して手を挙げるかどうかは自分次第。プロ意識を持って自律的に仕事をすることにもつながる」(同)。

20年夏からは上司と部下が月に1回、1対1の「ワン・オン・ワン・ミーティング」を行うようにしている。部下が自らの将来像を上司と共有し、必要なことを話し合う。キャリアや成長などを考える場としての位置づけだ。

■ 幹部社員は7段階に格付け、職責ベースで処遇
―富士通のジョブ・ディスクリプションの構成要素―

	項目	記載内容(例)
1 ポジション情報	部署	○○本部 ○○統括部○○部
	役職	シニアマネジャー
	責任範囲	○○プロジェクト担当
	レポートライン	統括部長
	富士通レベル (格付け、7段階)	レベル13
	ファンクション区分	業務アーキテクチャー
	専門分野	アプリケーション・ デベロップメント
2 職務要件	概要	該当ポジションの ロール・プロファイルを 踏まえ記載
	成果責任	―
3 人材要件	コンピテンシー (行動特性)	―

(出所)富士通の資料を基に東洋経済作成

さかのぼれば、富士通には人事制度改革で苦い記憶がある。1993年にはほかの国内企業に先駆けて成果主義を管理職に導入。98年には一般社員に広げたが、最初から達成しやすい低い目標を設定するなど、弊害が目立った。結果的に01年には目標達成へのプロセスも重視する形に修正している。

平松執行役員は「やろうとしたことは今と変わらない」としつつ、「従業員の『やらされている感』を拭い切れなかった」と反省する。同じ轍を踏まないよう今回はアプローチを変えた。「ネガティブなことも含め、オープンにすると信頼してくれるし、主体的に考えてくれるようになる」(同)。

実は富士通に限らず、企業では今、平松氏のようなCHROの存在感が増している。働き方が変わる今、トップの意向をくみ組織に落とし込む人事部も、もう裏方ではない。富士通でジョブ型が浸透するか否か、多くの企業の人事部門が注目している。

(山田泰弘)

ジョブ型で問われる管理職のいす

ジョブ型雇用とは、社内の職務（仕事、ジョブ）を明確にし、こなせる人材を当てはめていく人事制度だ。より高い専門性が求められるため、社員の能力を向上させる効果が期待される。各自の仕事の内容は「職務記述書（JD）」に記載される。

「仕事」に値段がつくのがジョブ型なら、「人」に値段がつくのがメンバーシップ型。職務を限定しない日本企業は後者に近い。ジョブ型を採用する米国では能力がなければ退職勧奨もあるが、日本では簡単にはクビにできず異動などで対応する。

■ ジョブ型雇用と日本型雇用の違い

ジョブ型		日本型
仕事に値段がつく	賃金	人に値段がつく
明確化される	職務	明確化されない
ない	異動	ある
能力次第で退職勧奨も	雇用	終身雇用が基本
通年	採用	新卒一括

メンバーシップ型に近い

(出所)各種資料や取材を基に東洋経済作成

実務上の作業は膨大

ただしジョブ型がそのまま日本の風土にフィットするかは別問題だろう。

まず大企業では何百種ものＪＤを作成する人事部などの作業が膨大だ。変化の激しい今、最初から固定的に職務を限ると、新たな技術などが出てくるたびに、ＪＤを書き換えなければならない。

またゼネラリスト志向の日本企業では「ありとあらゆることをやらなければならなかった」（労働政策研究・研修機構の濱口桂一郎研究所長）。だがジョブ型では、個々の職務の範囲が明確化されるので、「その仕事はＪＤに書かれていない」と拒まれても、会社は命令できないのだ。

視点を中間管理職の立場に置くと、年齢が上になるほど何でもやらされてきた反面、報酬に見合うプロのマネジメントの職務をしてこなかったともいえる。もしジョブ型が本格導入されれば、生産性の低い中高年が〝戦力外〟の烙印を押されることが続発するかもしれない。

社員の成長のために可視化せよ

日本版ジョブ型雇用が必要だ

ＥＮＴＯＥＮＴＯ代表　人事コンサルタント・松本順市

これまで私は約１３００社の人事制度を構築している。経団連が高度なデジタル人材の不足などから、ジョブ型雇用を推進すると表明したときは、緊急事態への対策だと思った。しかし、すでに導入した大企業の中には、多くの社員の職務記述書（ＪＤ）を作った会社があるという。なぜなのか、不思議で仕方がない。

〝働かないおじさん〟の賃金を下げるため、慌ててＪＤを作成したのではないかと、少し心配になる。高度な専門のデジタル人材に年収１０００万円を支給することができる人事制度へと改善・改革すればいいだけの話だ。

それには、求めるデジタル人材に期待する成果は何か、そのために何をしてもらうのか、どのような知識・技術が必要なのか、どのような考えであってほしいのかをまとめることが必要。実現してもらう成果の大きさがポイントで、ここまで具体化して「1000万円出します」と言うべきだ。

やるべきこと（職務）だけ書いても、社員間の賃金のバランスは取れない。明確化して社内で募集し、いなければ社外から採用する。例えば病院では、医師と看護師、診療放射線技師で、すべて賃金が違うが、もともと職務の難易度が違うことをお互いに理解し、仕事をしている。企業でもなぜ賃金が違うのかを説明できるようにすること。これはデジタル人材に限ったことではない。

日本企業なりのよさもあるし、問題点もある。日本では入社後に異動しながら現場でいろいろ学ぶ。とくに中小企業では、何でもこなす〝多能工〟になった社員は評価が高まって賃金も高くなる。一方、欧米は契約社会なので、何ができるかで入社時に賃金が決まる。

人事部は現場を知ること

私は前勤務先の魚力（うおりき）で人事制度をつくった。現場で店長などを経てから本部に行く、小売業の通常コースと違い、入社時にいきなり社長室と人事の担当になった。そこで、新たな人事の仕組みを半分くらい仕上げた頃、店舗に配属になって店長に任命された。

そのとき社員から「わからない」と言われ、社員がわかるように見直しを続け、いい人事制度になったと思う。よくなったことは社員の定着率と成長の点数が教えてくれた。人事制度は社員のためにつくると現場で教えてもらった。評価と賃金も完全に一致した。

中小企業では現場を知らない人事部長はいない。現場の優秀な社員がどんな成果を上げてどんな仕事をしているか。それをまとめるだけで全社員が優秀になれる。すべての社員は優秀な社員になりたいと思っている。しかし、なれない。それは何をすれば成果が上がるか示されていないからだ。

改革は机の上でやるものではない。会議室でディスカッションして改革と言ってもね。顧客に喜んでもらえるよう仕事をするには、会社の優秀な社員を可視化するだけ。

そうすれば全員優秀になる。

　大企業が多数のJDを詳細に作成するのに、相当な苦労があったことは想像にかたくない。ただし、やることは毎年変わる。変化の激しいこの時代、毎年の見直しが前提になるが、実務的に可能だろうか。私の提唱する「成長シート」は社員100人ほどの規模であれば5種類くらいで十分。簡単に書き換えられるから、環境変化にもタイムリーに適応できる。

　いい人事制度の判断基準は3つ。社員が定着したか、社員が成長したか、優秀な社員を採用できたかだ。いい悪いは専門家が判断することではない。ジョブ型雇用を導入するなら、期待される成果をどのくらい実現するか、明らかにすることがいちばんだ。（談）

松本順市（まつもと・じゅんいち）
1956年生まれ。中央大学大学院を中退後、魚力入社。93年に独立し、人事制度の指導を展開。著書に『1300社が導入した日本型ジョブディスクリプション』などがある。

キャリア形成か、「好きを仕事に」か

中高年の副業と学び直し

ガーデンシティ・プランニング社長　副業評論家・藤木俊明

今「リスキリング」（学び直し）の必要性が叫ばれている。とくに中高年世代に最新のＩＴ技術を身に付け、新たな仕事に順応してもらいたい狙いが見て取れる。社会の変化に順応できるようスキルを磨くのは重要だ。

が、これまでビジネスキャリアを積んできた会社員は、それだけでいいのか。人生後半の大切な時期、自分のキャリアを否定され、やりたくないことを学んでも、モチベーションは上がるまい。

日本のビジネスパーソンは勉強好きだが、学んで終わることも多い。学んだら、実践の場に出て使わないと、役に立たない。といって、普通に会社勤めしていては、学ぶことはできても、実践までは難しい。学び直しに必要なのは、自分が主体であることと、実践の場を踏むことなのである。

その際に活用できるのは、近年、各社で解禁され始めた副業だ。会社に依存しないというのは会社を出ていくことではない。どこに行っても自分らしく働くというマインドセットと理解してほしい。

今後も自分が働くことをイメージするならまずは棚卸し。今日までのキャリアを総点検して、何が自分の武器や価値になるか、「こうありたい自分」をリデザインすることが先だろう。検討し、何を学び直せばいいのかわかれば、やる気を持って取り組める。

その後、フィールドワーク（副業）とチューニング（微調整）を繰り返すと、「こんな経験が求められる」「この部分が足りない」など、自己スキルの解像度が上がる。しだいに真の実力が養われ、新しい人脈と副収入がもたらされる。それから再び学び直しのフェーズに戻ってもいい。

週末には行政書士の顔

とはいえ、働きながら副業といっても、そう簡単ではない。

例えば資格取得に励む人は少なくないが、現役のとき、あるいは定年後に士業の資格を持っているだけでは使い物にならない。仕事を依頼したい顧客が求めるのは実務経験である。税理士であれば申告作業の実務を経験していない人に仕事を頼もうとは思わない。

ならばどうすればいいか。資格を取ったら、会社員でいる間、副業で現場を経験するのだ。将来を見据え、会社の力を借りず、顧客とのやり取りをトレーニングしておく。副業で広がるネットワークは後々の大切な財産になる。ここでの大きな目的は実務の現場を踏むことだが、適正な報酬をきちんと得るのも重要である。

実際の例を紹介しよう。

「週末行政書士」を名乗る鈴木茂さん（58）は、将来に備えて、メディア企業に勤めながら行政書士の資格を取った。会社に届け出て週末には実務にいそしむ。

60歳を過ぎて再雇用となり、たとえ給与が現状より下がっても、士業のほうでカバーできるという腹積もりだ。いずれ本当に会社から離れる頃には、年金に士業収入をプラスしてやっていけるようにと考え、さらに上の資格を取得するために学び直しをしている。

こうして副業で実践を積み、それに基づいて学び直すのが現実的で、有効だろう。もちろん資格取得は必須でないし、キャリアを生かせる副業はいくつもある。

反対にキャリアに関係なく、自分の好きなことをライフワークとしたい人は、どうするか。いくら好きでやってきたことでも、実践の場に出るといろいろボロが出るもの。そこで改めて学び直ししなくてはと実感するはず。

再び実際の例を挙げる。

大手電機メーカーに勤めていた井口敦さん（69）は、50代初めからずっと、定年後は民族楽器を扱う仕事がやりたいと考えていた。それにはしっかり学び直すことが必要と感じ、60歳を過ぎてから数百万円をかけて、複数の工房で修業。64歳で開業し、現在は横浜に楽器工房を開いている。

現状は月商50万円程度。工房の場所の賃借代など経費を差し引いても、毎月10万円以上の粗利益は残っている。年金にプラスして、好きなことでそれだけの収入が入ってくるわけだ。

キャリアを生かすにせよ好きなことを仕事にするにせよ、きっかけづくりで注目したいのがスキルシェアのサービスである。

■ **ネットで仕事のマッチングができる** —主なスキルシェアサービス—

サービス名	運営企業	内容
ビザスクlite	ビザスク	スポット(短時間)でのコンサルティング
ストアカ	ストリートアカデミー	先生として講座や研修で教える
ココナラ	ココナラ	イラストや占いも含め、「得意」を提供
クラウドワークス	クラウドワークス	エンジニアなどハイスキルを企業に提供
ランサーズ	ランサーズ	記事作成やデータ入力のほか経営分野も
ピクスタ	ピクスタ	自分が撮影した写真や動画を委託して販売
チューンコア	チューンコアジャパン	オリジナル曲を大手配信ストアに配信

(出所)公式サイトや各種資料を基に東洋経済作成

スキルシェアを利用せよ

スポットでコンサルティングをマッチングし提供するのが「ビザスク」だ。既存のコンサル業者でなく、実際のビジネス経験者から直接知見を聞きたいと、多くの企業が希望している。個人で登録し企業とマッチングしたら、原則1時間単位の面会や電話などで企業に自分の知見を語る。

知見というとハードルが高いかもしれないが、自分の経験に基づいて語るユーザーインタビューのような案件も多く、必ずしも専門家である必要はない。スポットコンサルを提供する「ビザスクｌｉｔｅ」は、1時間当たり収入が2万〜3万円の案件もあり、報酬はかなり高い。収入はともかく、自分のビジネス経験を整理し、相手にどう伝えるかをトレーニングするには、格好の場といえよう。

ほかに、自分の得意なことを先生として講座で教える「ストアカ」、メイクや占いなど趣味も含め仕事で受ける「ココナラ」なども、フリーランス（個人事業主）からの関心が高い。これらスキルシェアのプラットフォームは、すぐ登録できるので、一度のぞいてみることをお薦めしておく。

むろん対面の方法もある。副業しづらい会社員でも利用しやすいのが、関東経済産業局が運営するマネジメントメンター登録制度。50代以上で大企業での勤務経験が10年以上あれば登録できる。

同制度の新現役交流会で中小企業との出会いに成功すれば、月3回程度派遣され、報酬を得られる。1時間当たり約5000円がベース。どちらかといえば、地域の中小企業を支援する有償ボランティアの色彩が強く、現役会社員が会社に話しても賛同を得やすい。

副業がいいのは、自分の価値がわかり、どう自分を訴求するかの訓練になるからだ。自分の経験やスキル、学び直したことを、プロフィールとして掲出する。どんなふうに作成したら仕事の声がかかりやすいか、その試行錯誤自体が大きな学びになる。

学び直した後、副業で自分の価値をどう表現するか、トレーニングする。それこそ本業で役立つスキルにほかならない。

藤木俊明（ふじき・としあき）

早稲田大学卒業。リクルート、ぴあを経て、1991年ガーデンシティ・プランニング設立。コンテンツや企画書制作の講師を務め、〝複業〟の啓蒙も。著書に『「複業」のはじめ方』。

FIREのように派手でなくていい

失敗しないシニア起業術

オフィスTARU代表社員・上水樽文明

ちまたでは「FIRE」（Financial Independence、Retire Early）という言葉がはやっている。若くして事業や投資などで成功し、引退する、悠々自適の人生だ。だが、人生も終盤で起業するなら、もっと現実を見据えた行動が要る。京セラに33年間勤め55歳で会社を起こした筆者が、シニア向けに失敗しない起業で大事なことを、イチから紹介する。

①個人事業主か法人か

最初に会社員がシニアで起業するとき、個人事業主か、法人である株式会社もしくは合同会社（ＬＬＣ）にするかの選択になる。

　これまでのビジネス生活の延長線上で、自分の経験スキルを生かしたいなら、わざわざ株式会社を選ぶ必然性はない。シンプルな組織であるＬＬＣを設立することをお薦めしたい。

　むろん個人事業主の選択肢もあるが、筆者の場合は物販業で仕入れ先との関係から、法人格が必須だったからにほかならない。少額でも収入が得られるならＬＬＣの売上高にし、諸々の費用を経費で計上すれば、税金の面で有利だ。

　２００６年の会社法改正で、最低資本金や発起人、出資者の規制がなくなり、資本金１円でも株式会社をつくれるようになった。その際に有限会社が廃止され、代わりに登場したのがＬＬＣである。

　簡単に言えば、ＬＬＣはかつての有限会社と同様の会社形態であり、スモールビジネスを始めるにはもってこい。設立する費用は、株式会社の２５万円程度に対し、ＬＬＣは登録免許税にかかる費用が６万円と低く抑えられる。設立に要する期間も株式会社より短い。決算公告の義務もない。設立する際には、専門家にも相談しながら、吟味するようにしよう。

②レンタルオフィスも可

起業を決めたら、まずは事務所である。自宅か賃貸か購入か。筆者は仕事を継続するうえで、事務所選びには時間をかけた。ジュエリーという、顧客に夢を売るビジネスでもあることから、上質でおもてなしの空気感ある銀座を拠点に発信しようと決めていた。

起業当時は長いビジネスパーソン時代からの発想で、自宅での仕事は避けたほうがよく、通勤するほうが自然と考えて購入を検討。当初、銀座で破格の中古マンションの物件が見つかり、資産価値もあったから、本気で賃貸を探す気にはなれなかった。

が、ロケーションを重視して気になったのが、料金も手頃で利便性の高いレンタルオフィスや、複数で共有するシェアオフィスだ。東京都も時差出勤やフレックスタイムを奨励し、起業した6年前は、企業のサテライトオフィス利用も始まった頃である。

レンタルオフィスを5カ所ほど内見で回り、料金などのシステムで微妙な違いはあったが、ロッカーやデスク、郵便・宅配受付、OA機器、来客サロン、電話秘書サービスまで整っていることに、ほとんどの不安が解消したのも事実。月平均3万円程度と、固定費をかなり削減できた結果、物件購入は頭から消え去ってしまった。

首都圏では銀座のほかにも、新宿や池袋、横浜、大宮など、各ターミナル駅にレンタルオフィスは必ずある。法人登記では相談窓口のサービスも利用できた。銀行口座を設ける際など、信用度が低くなって不利と見られがちだが、制限されたことは一度もない。

③公庫の融資が使える

日本政策金融公庫総合研究所によると、20年度の開業に占める50歳以上の比率は約4人に1人。自己資金だけで起業した人の割合は75%を超えた。起業時に限らず、基本的に事業を継続している間は、手持ち資金で賄うことが原則だ。もし資金がショートしそうになったら、代表者個人として借り入れれば十分対応できる。会社＝代表者個人が一心同体になるため、お金に対する責任も増してより真剣味が増す。

50代以上が年々増えている
―開業に占める50歳以上の比率―

（出所）「2020年度新規開業実態調査」（日本政策金融公庫総合研究所）

自己資金が75%を超える
―起業費用に占める自己資金の割合―

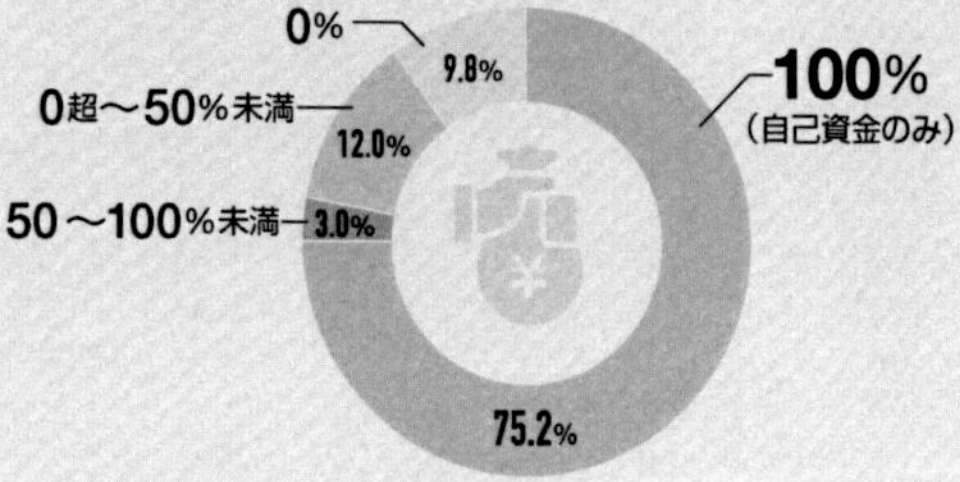

（注）起業家のケースでパートタイム起業家は含まない　（出所）「2020年度起業と起業意識に関する調査」（日本政策金融公庫総合研究所）

ただ、スモールビジネスでは融資を受けずスタートアップするのが理想だが、業種によっては設備投資が必要。自己資金 ＋ 融資で、資金調達を行うことによって事業活動をスムーズに進め、社会的信用を高めなければならない。そこで日本政策金融公庫の「新創業融資制度」を取り上げてみたい。

法人や個人事業主向けの融資は、当初からある程度の事業の実績と信用がなければ、受けられない。だが新創業融資制度は、新たに事業を始める希望者や創業間もない事業者が一定の条件を満たせば、原則として無担保・無保証人で利用できる制度である。融資の限度額は３０００万円（うち運転資金１５００万円）だ。

コロナ禍で経営環境が厳しい昨今、公的な補助金や給付金を頼る方法もあるが、それらはいかに素早く正しい情報を入手するかに懸かってくる。そこで便利なのは中小企業庁が運営する、中小企業向けの補助金・総合支援のサイト「ミラサポＰｌｕｓ」。持続化補助金やＩＴ導入補助金、ものづくり補助金などの内容がわかるうえ、電子申請もできる。

④人脈を広げられる場は

最後に人のネットワークを広げるうえで、重要な経済団体や異業種交流会をいくつか挙げておく。いずれも筆者が会ってきて、シニア起業者の身の丈に合う。

【商工会議所や商工会】

起業をしたら関係者にはそれこそ普通に出会う。各地方自治体にある法人登記した公的団体なので、安心して、経営相談やセミナーなどのイベントにも参加できる。

【ロータリークラブ、ライオンズクラブ】

どちらも世界的な組織の社会奉仕団体だ。ネットワークによって国際的な関係を構築する機会にも巡り合える。ビジネスや職業、専門分野のコミュニケーションの場を得られる。後者は国内だけで会員数が10万人超。

【アントレセミナー交流会】

毎月100人規模のセミナーが開催される。イベントでは自社のPR時間も設けられるので事業内容のアピールも可。名簿が作成され場内での名刺交換会もある。

起業して活動していると、会社員時代には縁のなかった、団体や交流会に遭遇する。日々の自分磨きを怠らないよう、多くの中小企業経営者が入会、勉強している。つねに経営上の正しい判断を行うには、同じ立場の経営者と刺激し合い、心を高めなくてはならないと認識しているからだ。

思うにシニアによる起業とは、自分の興味だけでなく、他人の興味にも関心を持ち、それを掛け合わせることで新しい価値を生み出す、そんな姿勢が大切だという気がしてならない。

ないものに憧れるのでなく、自分の持って生まれた天分や才能を生かす。それこそ「足るを知る」ことが、人生100年時代を生きる立ち位置となるだろう。

上水樽文明（うえみずたる・ふみあき）
京都外国語大学外国語学部卒業後、1982年京セラ入社、主に宝飾応用商品事業部に在籍。2014年退職し、15年独立・起業。著書に『サラリーマンからのシニア起業術』。

元エリートたちの「奮闘」

保険や広告、人材サービス業界でミドルシニアの再活用が始まった。

【東京海上・日動火災保険】社内公募にチャレンジ　25年の経験が生きる

「自分が成長することと社会に貢献することを同時に満たすのは仕事しかない」

そう考えて、会社の公募に応じ「シニアお役に立ちたい」制度を利用、定年以降も働くことを選択したのが、東京海上日動火災保険の須賀泰夫さん（60）だ。

2021年4月から、本店損害サービス第一部火災新種損害サービス室で推進役として、「税理士職業賠償責任保険」に関わる保険金の支払業務に従事している。同保険は、税理士が税務申告の手続き上のミスで企業から損害賠償請求を受けた場合、その損失を補填する商品だ。約5000人の税理士を須賀さんは〝万が一〟の場合にサポートしている。

須賀さんは20年4月に定年を直前にして、首都圏の複数の部署が60歳以上のシニアを募集しているのを知った。どんな仕事があるのか見ると、うち1つは専門職業人賠償責任保険とある。医師や弁護士、税理士など専門性の高い職業の人が対象で、新種保険の領域だ。

35年間の会社人生のうち25年間は、保険契約者が事故や災害に遭った場合の対応や保険金の支払いを行う、損害サービス部門に所属していた。新制度では「自分の経験を生かし役に立てる」と考えて応募。定年後に新しいキャリアをスタートさせた。

現在は再雇用社員として週5日、9時から17時まで勤務。「残業の続いた時代からは考えられないが、規則正しい生活が送れて心と体の健康にいい。好きな税務や財務の勉強もできる」(須賀さん)。

マインドセットが重要

東京海上日動が60歳以上の従業員を対象として、専門人材を抜擢する、シニアお役に立ちたいを始めたのは16年度からだ。当時は地方拠点が配属先の中心だったが、「転居してまで働きたくない」との声が多かった。21年度から首都圏にも範囲を拡大すると、約100部署が受け入れを希望。人事部が内容を精査し23のポスト（仕事の役割）を選んだ。

もっとも、20年4月に社内のイントラネットで公募したが、応募は須賀さんを含め数人だけ。現在、同社の60〜65歳までのシニア従業員は約500人いるが、多くは定年前と同じ部署で雇用延長により働く。須賀さんのように新たな職場でチャレンジしようというシニアは少ないのが実態である。

人事企画部人材開発室の木村修課長代理は「会社がシニアの方々に魅力的な業務やポストを用意し切れていないのも理由」と反省する。22年度は本社の内務部門を含め公募を47ポストに拡大する予定。「新たな役割にチャレンジするマインドセットが重要だ。定年後の選択肢は増えており、50代で60歳以降の働き方を考えてほしい」（木村課長代理）。

実際に須賀さんは55歳の役職定年を迎える数年前、「損害サービスの経験を生かしてほしい」とある企業から誘いを受けていた。「自分が必要とされていると感じうれしかった。それがきっかけで定年後も働こうと思った」と言う。

シニアお役に立ちたいは1年更新で、別の部署に異動できる選択肢もある。須賀さんは自宅から通えることもあり都内を選択した。地方で面白そうな公募の仕事があったらどうするか聞くと、「行きます！ 家族は当然のように私が定年後も働き続けると思うから」との答え。働く意欲は当分、衰えそうにない。

（高見和也）

【電通】鹿児島の山間部に移住　安心して飛び出せた

会社を退職して個人事業主となり、固定報酬を得ながら働いて、起業もできる。2021年1月に電通が開始したのが「ライフシフトプラットフォーム」と呼ばれるプログラムだ。

新卒入社は勤続20年以上、中途採用は同5年以上かつ40歳以上が対象で、電通の子会社・ニューホライズンコレクティブ（NH）と業務委託契約を結ぶ。参加者は約230人で平均年齢は約52歳。条件は月に一定以上の新規事業を提案することなどで、契約から10年間は電通時代の給与を基に固定報酬が支払われる。

メンバーが手がけた業務から生まれた収益は、一定割合が電通に還元され、メンバーにも成果報酬として支給される仕組み。事業が軌道に乗り、十分な収入を得られれば、10年を待たず完全に独立することも想定している。

鹿児島県の山間部・郡山町に住む岩井寿人さん（46）も、20年末に電通を退職しプログラムに参加した一人だ。2000年に電通に新卒で入社し、営業一筋で企業・官公庁に広告やマーケティングを提案。目の前の仕事に夢中で取り組んでいたら、あっという間に20年経ち、社内で古参となって後輩の指導に回ることも増えた。

「現場で得意先の要望を聞きちょこまか動くのが好きだったが、組織の中で動きづらさを感じるようになった」（岩井さん）

NHのプログラムが動き出したのが20年7月。一斉メールを受け取った岩井さんは思わずガッツポーズした。組織を出たい気持ちがある一方、電通の看板からも離れがたく、独立したい気持ちは当初なかった。だが「固定報酬がありプログラムのメンバーとも緩くつながる。1人で辞めてもわからないことだらけだった」（同）と参加を決めたという。

東京では張り詰めていた

退職するなら、地元の鹿児島県で地方創生の仕事をしたいと思っていた岩井さんは、応募と同時に移住の準備を開始。有給休暇の消化期間中の11月に移り住んだ。

それから1年。岩井さんには徐々に仕事が舞い込んでくるようになった。当初は電通時代のノウハウを生かし、地域の中小企業が自治体の補助金を申請する際の事業計画書作りなどを支援、5〜6社が顧客になったという。ほかにも岩井さんが育った徳之島の黒糖や、パイナップルの葉の繊維を活用した生分解性プラスチックストローなどの販促支援を行う。

岩井さんが今いちばんわくわくしているのは、徳之島で伝統的に行われている闘牛から引退した牛の熟成肉のビジネスだ。今まで動物園に卸されていたが、鹿児島大学と共同研究しながら熟成肉の商品化を目指す。牛革を使ったジャケット、骨の炭素を使った人工ダイヤモンドの開発にも取り組む。

とはいえまだ一つひとつの仕事は小さい。「これまでの収入は数十万円レベル。NHがなかったら安心して飛び出せなかった。お金のにおいが薄いからこそ、田舎でも人の縁に恵まれている」（同）。

鹿児島を移住の地に選んだのは大好きな温泉に囲まれたかったから。「東京では張り詰めて生活していた。期限を決めずゆっくりとマネタイズできる仕事をしたい」と語る岩井さんは、電通パーソンの新たな生き方を体現しているのかもしれない。

（中川雅博）

【パソナグループ】元アパレルや元教員も他業界からも受け入れる

元アパレル社員や元教員も受け入れます——。

人材サービス大手のパソナグループが19年から始めたのが、シニア人材を雇用する「エルダーシャイン制度」だ。定年退職後にそれまでのキャリアを生かした働き方や新たなキャリアに挑戦したい人に働く場を用意。19年に約80人を採用したのを皮切りに、これまで約120人採用している。

兵庫県淡路島。同社が本社機能移転を進める拠点で、平石元さん（62）は経理部門に属する。関西地盤のアパレルメーカーに30年以上勤めた後、50代後半で早期退職制度を利用し銀行に転職。19年1月に定年退職した。

そんなとき「エルダーシャインの報道をテレビで見て、『これだ』とネットで応募した」（平石さん）。アパレルの管理部門や銀行での勤務が評価され、有期の契約社員として採用されたのである。

平石さんの仕事は、県立淡路島公園で展開するアニメパーク・ニジゲンノモリなどの経理業務や、役員会議向けの資料作りだ。勤務時間はほかの従業員と同じ9時半〜18時で週5日のフルタイムで勤務する。残業は経理の締切日に当たる月末月初に多少ある程度。淡路島のオフィスまでは、神戸市内の自宅からJRと高速バスを乗り継ぎ、1時間ほどかけ通う。

新規事業を支援しているため、手探りの部分がある一方、「出会いも多く刺激をもらっている」（同）と前向きに捉える。「同年代を見ても元気でバリバリ働く人が多い。エルダーシャイン制度に定年はないので、75歳くらいまで頑張りたい」と語る平石さんの目は意欲にあふれていた。

心理士の資格が役立った

加瀬みずきさん（63）もエルダーシャイン制度で入社した一人だ。東京都の教員として小・中・高校で働き、18年に定年を迎えた。勤務する友人の勧めもあって応募し入社した経歴を持つ。

東京・丸の内にあるワーク・ライフ・ファシリテーターグループが加瀬さんの職場。時給制の有期契約社員として勤務している。ここはカウンセリングを担当する部署で、従業員の相談事への対応や人事研修などが主な業務である。

「教員時代に教育相談の業務が長かったから大学院で心理士の資格を取得した。それが役立っている」（加瀬さん）と、キャリアを生かした仕事にやりがいを感じる。

勤務は週1回と少ない。同時に千葉県の学校で週3～4回ほどカウンセラーの仕事があるからだ。柔軟な働き方を支援する会社の方針もあり、「週1回でも構わないと採用してもらった」（同）。30歳ほど年下の上司との関係もよく、勉強会で新しい知見を得られることも魅力のようだ。

エルダーシャイン制度の待遇は実際にどの程度なのか。「ほかの契約社員と同様の体系となっており、給与はフルタイム勤務で月25万円程度。雇用期間も健康面や過去の例を考慮し3～6カ月が多い」（パソナグループの岩佐実HR本部担当部長）。マネジメントを担える人材だと中途採用枠で雇用するケースもあるという。

21年はコロナ禍で採用を見送ったが、再開を検討している。年齢に関係なく活躍できる社会を実現するために、人材サービス会社の草分けとしてパソナはシニア活用の手本を示せるか。

（宇都宮　徹）

「定年廃止は公正が基本　決して甘い制度ではない」

YKK会長・猿丸雅之

2021年4月から定年制を廃止したYKKグループ。すでに13年から、60歳だった定年を段階的に65歳へと延長したが、定年廃止まで踏み込んだ企業は少ない。猿丸雅之・YKK会長に経緯と狙いについていただした。

――このタイミングで定年制を廃止した理由を教えてください。

時期は重なったが、高年齢者雇用安定法改正とは無関係だ。10年ほど前から定年制は本当に必要かと議論してきた。YKKグループは世界72の国と地域で事業をしている。米国などでは就業と年齢を関連づけることが違法。年齢を問わず働ける環境づくりを日本でも実現させたいと考えていた。掲げてきた経営理念とも合致する。

――定年廃止につながる理念とはいったい何ですか。

「公正」の理念だ。とくに人事施策は、年齢や性別、国籍、学歴にとらわれないことを標榜してきた。そうした枠に限定されず、人材を登用して活かすことは、会社の強さにも直結する。

私が社長になった2011年に働き方変革をグループ全体で実践。13年から60歳だった定年を65歳に延長した。だが定年制がある以上、人事の基軸に年齢が残る。健康寿命が長くなった今の時代、「この年になったから会社を辞める」と線を引くのはそぐわない。

会社が公正な人事制度を目指す一方、社員に訴えたのは自律。現状では給与や処遇が最も高いときに定年がくる。個人差はあるがいちばん仕事ができるときに会社を離れるわけだ。役割が変わっても働きたい人はいるし、早く辞め趣味や社会貢献に生きたい人もいる。退職時期は一人ひとりがありたい姿を描き自ら設定してほしい。

――とはいえ社員からの反発はありませんでしたか。

大きな混乱はない。長い時間をかけて社員には会社の理念、精神に基づく公正の実現だと伝えてきた。パンフレットを配り、疑問に応える臨時の部署もつくり、かなりの数の集会も開いてきた。年齢を問わない実力主義で、役割と成果に沿った人事制度を続け、若手を役職に抜擢してきたのが日常だったことも大きい。

――定年廃止は実力主義が65歳を過ぎてもあるということです。

そのとおりだ。仕事に見合った処遇がよくも悪くも続く。多くはないだろうが、65歳を過ぎて昇格があっても、不思議ではない。反対に、若い世代から低い評価をされて、処遇が下がることも当然ある。公正とは厳しさの裏返し。社員には「決して甘い制度ではないよ」と伝えている。

（定年廃止で新陳代謝は活発になるが）65歳以上になった社員の多くが残って、活躍し続けているのが理想だ。とくにわれわれ製造業の現場には、すばらしい技能を持った技術者が多くいる。技能が弱体化しないようにして、しっかりと継承していきたい。

――実際に65歳以上の社員はどれくらいいるのですか。

現在はまだいない。2024年4月に65歳を迎える社員が初めて出てくる。それまでの間に具体的な運用面を詰めていく。より公正な評価制度やキャリア支援を充実させる必要もあるだろう。

始まってみないと成果が見えない面もある。ただ、準備もないまま定年制度を変えたのとは、意識がまったく異なる。それだけの結果はついてくると自負している。

（聞き手・ライター　箱田高樹）

猿丸雅之（さるまる・まさゆき）
1951年兵庫県生まれ。上智大学外国語学部卒業。75年吉田工業（現YKK）入社。米国勤務後、常務、上席常務、副社長を経て、2011年に創業家以外で同社初の社長に就任。18年から現職。

INTERVIEW

「定年って何だ！　生き方は年と関係ない」

日本中国友好協会会長／伊藤忠商事名誉理事・丹羽宇一郎

超高齢社会に突入した日本。21年春から70歳までの雇用確保が企業の努力義務とされる中で定年制をめぐる議論も活発だ。『現代語訳　暗黒日記』（清沢洌著）を編集・解説し、先の大戦へ突き進んだ日本人のあいまいな無責任体質に警鐘を鳴らした丹羽宇一郎氏（82）。伊藤忠商事のトップや駐中国大使など、さまざまな立場からビジネスパーソンを見てきた丹羽氏に、定年といかに向き合うべきかを直撃した。

――9月に経済同友会のセミナーで新浪剛史・サントリーホールディングス社長が「45歳定年制」を提唱。世間から「リストラではないか」と反響を呼びました。定年についてどう考えますか。

まず経済団体も政治家もメディアもほとんどが誤解をしている。

それは定年制を考えるとき、中小企業について語っていないことだ。日本には約450万社もの企業があり、うち中小企業は99％を占めて人数では7割。一方、大企業は社数でたった1％、人数では3割しかいない。中小企業もきちんと議論するか、大企業と中小企業を分けて話すか、前提をはっきりさせるべきだろう。

日本のように一律に定年を定めた国は欧米では見られない。米国ではダイバーシティー（多様性）の一環として、年齢によって採用を制限することは法律違反となり、差別に当たる（The Age Discrimination in Employment Act）。80歳でも90歳でも仕事ができれば雇われるし、40代や50代でも仕事ができなければ雇われない。年齢ではなく個別の能力で決められているわけだ。

見るべきは中小企業だ

――ジョブ型雇用や同一労働同一賃金など、企業は新たな働き方や評価の仕方を模索しています。

大体、中小企業ではみんな必死で働いており、第二の人生などを考える余裕もない。大企業と異なり、多くの会社で、財務と総務と広報を兼務するといった具合に、1人が何役も掛け持ちしている。同一労働の人がいないから、同一賃金が成立しない。つねに人手が足りないから、高齢になってもやることはたくさんある。

そういう会社では本来、いくつになっても戦力だから、飲み会にも誘ってもらえないといった、大企業のシニアのような事態も見られない。もっとも大企業でも、他人の仕事を手伝う文化があるので、同一労働同一賃金は成立しにくい。それなのに国会では同一労働同一賃金が解決策のようにまことしやかに議論されている。

――確かにそれは正論です。ただ個人として、大企業のシニアが定年以降も会社で自分の居場所を得るためには、どのような道を選択すればいいですか。

専門技術や特殊技能を生かし、ギグワーカーとして単発の仕事を請け負うのは、1つの選択肢だと思う。1日3時間など都合のいい時間に働けばいい。自分の得意とする技術やネットワーク、ノウハウなどを提供する。

例えば、取引先のA社の資材部長が大学時代の後輩であれば、自分の会社の若手社員に頼まれた場合に紹介する。専門の分野について聞かれればきちんと教える。こうした働き方は、本人のプライドが維持できるし、若手や中堅からも尊重される。柔軟な働き方で企業も取り入れやすい。

――最近では副業を解禁する会社も増えました。他社で違う経験をし新たな発想を取り入れてほしい企業の狙いもありそうです。

ある分野で相当の知識を持っている人はできるだろう。午前中は自分の所属しているA社で働き、午後は副業先のB社で働く、といったことも可能かもしれない。

しかし現状では、A社からB社に行く途中で交通事故に遭った場合、労災でA社とB社のどちらの保険を使うか、といった問題がある。また、秘密保持はどうすればいいかなど、さまざまな課題も残っている。副業が本格的に普及するためには、一定のルールが整備されるのを待たなくてはならない。これは政治の役割だ。

――AI（人工知能）やロボットが普及すれば、働く人の役割も大きく変わると予想されます。

ＡＩやロボットがもっと出てくれば、人のやる仕事の多くは要らなくなる。ロボットが人間より速く正確にやる仕事ではかなわない。そうならないためには、ロボットなどに使われる人間でなく、使い切る側の人間になることだ。

いずれ社長の仕事をロボットができるようになれば、社長すら必要でなくなるかもしれない。社長の役割はこれから難しいね。

技術・人脈・海外が大事

――今の会社、あるいは定年後に別の会社で働くことも見据え、シニアやミドルのビジネスパーソンは、何を武器にすればいいですか。

3つある。まず1つは、手に職、技術を持つこと。若い人なら仕事の合間に今から理系の大学に入学してもいいくらいの価値がある。

2つ目が人脈。こちらが「頼むよ」と言えば「わかった」と引き受けてくれるような強固なつながりだ。ある分野で仕事をしたければ、その分野で強い人と親しくなるように努力する。ブラブラしているだけでは知り合いも広がらないし、顔を知っているくらいでは人脈とはいえない。

そして3つ目が海外とのネットワーク。留学するなら、語学力を磨くより、ネットワークづくりに力を入れたい。ネットワークもなく、英語だけペラペラであっても、何の役にも立たない。

この3つは常日頃から意識して身に付けるべきだろう。

――社内の〝飲みニケーション〟で出世する昭和モデルは通用しませんね。「男性・大卒・正社員」が主流を占めていては同質化で成長が望めそうにありません。

近年では一流大学を出て大企業に勤めても、3～4年で辞めて起業する、といった人が少なくない。従来のような、終身雇用でまとめて全員の面倒を見るのが大企業、というスタイルはなくなってしまうかもしれない。今の会社にとどまるにしても、新規事業の立ち上げが盛んになるので、つねにアイデアを練っておく必要がある。

アイデアを練る場合、他人が困っていることや不便に思っていることについて考えるのは、物事の基本だ。何に困っているかを思い浮かべる。60歳のときは、50歳では気づかなかったことに気づくし、70歳では60歳で気づけないことに気づく。同年代の異性の困りごとを考えてみると、新たな視点が見つかるかもしれない。

具体的なアイデアが浮かんだら忘れないように日記に書く。問題の解決策を模索するため、日記帳を持ち歩き考え続けること。5つか6つのアイデアに絞り込み、本当に解決できるか実験してみるといい。優れた結果が出たら、知人に声をかけたり、会社に提案したりして、ビジネスの可能性を探る。ビジネスの立ち上げは若手なら普通にやるが、シニア層にも今後広がっていくはずだ。

――手に職もなく、大した人脈もなく、海外にはネットワークもない。こういった人たちは、役職定年や再雇用で肩書がなくなり、落ち込んでいますが……。

役職がつくまで何もしなかったということだから仕方がない。何もせずに豊かになるなんて神様でもできない。若いときに苦労してきたからこそ、年を取ってもある程度のことができる。

とはいえ現在60歳なら、90歳まで生きるとして、まだ30年間ある。今から一生懸命やれば遅いということはない。

――丹羽さんは現在80代ですが、まだまだ野望や野心はありますか。

それは秘密だよ。健康だったら、人間、何でもできる。

（聞き手・ライター　竹内三保子）

丹羽宇一郎（にわ・ういちろう）

1939年愛知県生まれ。名古屋大学法学部卒業後、62年伊藤忠商事入社。98年社長、2004年会長就任。10年に民間出身では戦後初の駐中国大使に就任。『会社がなくなる！』『部長って何だ！』など著書多数。新刊は『現代語訳　暗黒日記』（編集・解説）。

【週刊東洋経済】

本書は、東洋経済新報社『週刊東洋経済』2021年12月11日号より抜粋、加筆修正のうえ制作しています。この記事が完全収録された底本をはじめ、雑誌バックナンバーは小社ホームページからもお求めいただけます。

小社では、『週刊東洋経済eビジネス新書』シリーズをはじめ、このほかにも多数の電子書籍ラインナップをそろえております。ぜひストアにて「東洋経済」で検索してみてください。

『週刊東洋経済eビジネス新書』シリーズ

No.377　働き方と経営の法律

No.378　コロナ倒産危機

No.379　車載半導体　争奪戦

No.380　マルクス　vs.　ケインズ

No.381　医療テック最前線

No.382　漂流する東芝
No.383　不動産投資　光と影
No.384　コンサル全解明
No.385　大転換の商社ビジネス
No.386　会社とジェンダー
No.387　全解明　経済安全保障
No.388　ソニー　掛け算の経営
No.389　2050年の中国〔前編〕
No.390　2050年の中国〔後編〕
No.391　相続の新常識
No.392　無敵の文章術
No.393　物流　頂上決戦
No.394　すごいベンチャー2021〔前編〕
No.395　すごいベンチャー2021〔後編〕

No.396　米国株　超入門
No.397　ビジネスと人権
No.398　無敵の話し方
No.399　ＥＶ　産業革命
No.400　実家のしまい方
No.401　みずほ　解けない呪縛
No.402　私大トップ校　次の戦略
No.403　ニッポン再生　７つの論点
No.404　マンション管理
No.405　学び直しの「近現代史」
No.406　電池　世界争奪戦

週刊東洋経済eビジネス新書　No.407

定年格差　シニアの働き方

【本誌（底本）】

編集局　大野和幸、渡辺清治、高橋玲央、山田泰弘ほか

デザイン　熊谷直美、藤本麻衣

進行管理　下村　恵

発行日　2021年12月11日

【電子版】

編集制作　塚田由紀夫、長谷川　隆

デザイン　市川和代

制作協力　丸井工文社

発行日　2022年10月20日　Ver.1

発行所　〒103-8345
東京都中央区日本橋本石町1-2-1
東洋経済新報社
電話　東洋経済カスタマーセンター
03（6386）1040
https://toyokeizai.net/
発行人　駒橋憲一

電子書籍化に際しては、仕様上の都合などにより適宜編集を加えています。登場人物に関する情報、価格、為替レートなどは、特に記載のない限り底本編集当時のものです。一部の漢字を簡易慣用字体やかなで表記している場合があります。本書は縦書きでレイアウトしています。ご覧になる機種により表示に差が生じることがあります。

※本刊行物は、電子書籍版に基づいてプリントオンデマンド版として作成されたものです。